Seguro en los brazos de Dios

Otros libros por John MacArthur

Seguro en los brazos de Dios

La verdad celestial acerca de la muerte de un niño.

JOHN MacARTHUR

GRUPO NELSON
Una división de Thomas Nelson Publishers
Desde 1798

NASHVILLE MÉXICO DF. RÍO DE JANEIRO

© 2015 por Grupo Nelson®
Publicado en Nashville, Tennessee, Estados Unidos de América. Grupo Nelson, Inc.
es una subsidiaria que pertenece completamente a Thomas Nelson, Inc. Grupo
Nelson es una marca registrada de Thomas Nelson, Inc. www.gruponelson.com

Título en inglés: *Safe in the Arms of God*
© 2003 por John MacArthur
Publicado por Thomas Nelson

Publicado en asociación con la agencia literaria de Wolgemuth & Associates, Inc.

«Desatando la verdad de Dios un versículo a la vez» es una marca de Grace to You.
Todos los derechos reservados.

Editora en Jefe: *Graciela Lelli*
Traducción: *José Luis Riverón*
Adaptación del diseño al español: *Grupo Nivel Uno, Inc.*

ISBN: 978-0-52912-0-106

Impreso en Estados Unidos de América

15 16 17 18 19 RRD 9 8 7 6 5 4 3 2 1

Dedicado a los dulces recuerdos de los pequeños
que se han ido al cielo de las familias de mi
rebaño; algunos de los padres cuentan sus
triunfantes testimonios en este libro.

Contenido

UNO

¿Dónde está mi niño?

«¿Qué me dice del niño de dos años que quedó aplastado bajo los escombros de las Torres Gemelas de Nueva York?».

Larry King me lanzó a quemarropa esta pregunta. Me había invitado a participar como parte de un panel en el programa de televisión «Larry King Live» [Larry King en directo] un sábado por la noche. El programa se grabó poco después de los ataques del 11 de septiembre de 2001 contra Estados Unidos de América. Aunque habíamos estado hablando de cuestiones de vida y muerte, aflicción y esperanza, como parte de este programa, la pregunta del presentador pareció como que surgía de la nada.

«Al instante en el cielo», respondí de inmediato.

El presentador replicó con otra pregunta: «¿Acaso no era pecador?».

De nuevo respondí: «Al instante en el cielo».

1

Las apremiantes preguntas del presentador revelaban un tema acuciante e inquietante del corazón humano.

¿Cuál *es* el futuro del pequeño niño que quedó aplastado bajo los escombros de las Torres Gemelas de Nueva York? ¿Qué le pasa a cualquier niño que muere? ¿Qué les sucede al morir a un niño nonato, un bebé, un infante, o incluso a un adulto maduro físicamente, pero mentalmente discapacitado y con la capacidad mental de un niño pequeño? ¿Cuál es el destino de ese «pequeñito» al entrar en la eternidad? Estas preguntas son atormentadoras para muchos padres, cristianos y no cristianos por igual.

Muchas respuestas extrañas y mal fundadas se han dado a esas preguntas en el pasado. Sin embargo, la respuesta *correcta* empieza de manera muy sencilla: «Al instante en el cielo».

En un ambiente de citas fragmentarias como el del programa «Larry King Live», no tuve la oportunidad de añadir alguna explicación a mi afirmación y, francamente, el presentador no me la pidió. Pareció quedar satisfecho con mi respuesta rápida y categórica, y pasó a otras cuestiones en cuanto a las maneras en que nuestra nación estaba procesando la aflicción y recuperándose de la secuela de ese día terrible y trágico.

Pero creo que usted se merece una respuesta ampliada, porque con toda probabilidad está leyendo este libro después de haber sufrido la pérdida de un niño; o tal vez porque es alguien en la posición, como yo lo he estado demasiadas veces como pastor, de asesorar o dar una voz de aliento a alguna persona que ha perdido a un pequeño. Mi corazón se aflige por cualquier padre o madre que pierde a un hijo, y esto me motivó a investigar en las Escrituras sobre el tema, a fin de poder alcanzarlos y ofrecerles palabras bíblicamente sólidas de consuelo y aliento.

También sospecho que nuestra *necesidad* de respuestas a las preguntas en cuanto a la muerte de los niños continuará creciendo. Conforme nuestra nación contempla el rol que debemos asumir para enfrentar desastres naturales, hambrunas y situaciones de sufrimiento en lugares distantes, la pregunta siempre surge: «¿Qué pasa con los niños que han muerto o que se enfrentan a una muerte casi inevitable?».

Cuando nuestra nación considera la guerra, surge la pregunta: «¿Qué pasa con los niños inocentes que van a morir?».

Al contemplar la muerte de los niños, muchos de los cuales pertenecen a familias en culturas que siguen religiones falsas o que no participan en ninguna religión, en los corazones de muchos cristianos surge la pregunta: «¿Qué les sucede a *esos* pequeñitos?».

Nuestras preocupaciones en cuanto a la muerte siempre parecen ser más profundas y dolorosas cuando tenemos que lidiar con la muerte de un niño. Un accidente o una enfermedad parecen especialmente trágicos y conmovedores cuando en estos un pequeño pierde la vida.

Millones mueren... o ¿viven?

La triste y gran realidad es que, a través de toda la historia, cientos de millones, tal vez miles de millones, de niños nonatos, recién nacidos y niños pequeños han muerto. Millones están muriendo en nuestra era.

En la creación original, Adán y Eva vivían sin la realidad de la muerte. De acuerdo con Génesis 1.26–28, a la humanidad se le dio el poder de producir vida en un mundo sin muerte. A Adán y Eva se les ordenó «fructificad y multiplicaos»; que procrearan y llenaran la tierra con hijos que jamás conocerían la muerte. El plan original de Dios era que todas las vidas, una vez concebidas, vivieran por toda la eternidad. Cuando Adán y Eva pecaron, la muerte se hizo una realidad. La maldición de la muerte en las vidas de los padres originales se volvió la maldición de la muerte en la vida de todo individuo que fuera concebido. La muerte se hizo una realidad no solo para los maduros, sino también para los inmaduros. Desde los primeros días de la historia hasta el presente, no es ninguna exageración especular que la mitad de todas las personas concebidas murieron antes de llegar a la madurez.

Hace poco leí unos datos estadísticos bastante sorprendentes:

- Cerca del veinticinco por ciento de todas las concepciones no llegan a la vigésima semana del embarazo. En otras palabras, por lo menos una de cada cuatro personas concebidas muere en el vientre. El setenta y cinco por ciento de estas muertes tienen lugar en las primeras doce semanas.
- La muerte perinatal, o sea, la muerte en el momento del nacimiento, continúa ocurriendo en cifras enormes por todo el mundo, incluso con los avances de la ciencia médica moderna. Una organización mundial de la salud informó que unos 4.350.000

bebés murieron en el momento de nacer en el año 1999, pero muchos expertos piensan que la cifra real es mucho mayor. Calculan que unos diez millones de bebés mueren al nacer en todo el mundo cada año, ya que la mayoría de esas pérdidas no se informa.

Las tasas más altas de mortalidad infantil, por supuesto, suelen ocurrir en las naciones más pobres y primitivas, especialmente en África y Asia. Estas naciones también son las más paganas. En Afganistán, por ejemplo, la tasa de mortalidad infantil es por lo menos de 150 niños por cada 1.000. En Angola, la tasa es incluso más alta, 200 bebés por cada 1.000 mueren al nacer o poco después. Y encima de esto, tenemos las horrendas estadísticas de abortos que todos conocemos.

Si usted empieza a sumar los millones en todos los años de la historia, verá que hay incontables miles de millones de personas que han entrado a la eternidad antes de alcanzar la madurez.

¿Dónde están las almas de estas personas? Bien sea que estén habitando el infierno en cifras increíbles, poblando el cielo en cifras increíbles, o tal vez morando tanto en el cielo como en el infierno en similares cifras increíbles. ¿Cuál es la verdad?

Necesitamos respuestas basadas en la verdad

«¿Está mi niño en el cielo?».

Si alguien le hiciera esa pregunta, ¿cómo *usted* respondería?

Hay quienes responden a la pregunta basándose en el sentimentalismo o en lo que *esperan* que sea verdad. Si se les insiste, el único argumento que probablemente darán es que no quieren creer que Dios rechazaría a un precioso pequeñito. Un universalista tiene una respuesta rápida porque cree que *todos* van al cielo al morir. En el otro lado del espectro están los que creen que el niño nonato no tiene alma y por consiguiente no tiene destino eterno. Entre uno y otro extremo están los que sostienen toda una variedad de opiniones y creencias. Algunos declaran que solo los infantes «elegidos» van al cielo, en tanto que los «no elegidos» sufren el castigo eterno. Otros creen que el bautismo infantil vacuna a un niño contra el infierno y le asegura un lugar en el cielo, pero dejan fuera las almas de los que mueren antes de nacer. También hay quienes creen que todos los niños que mueren van al cielo porque Dios soberanamente escoge extenderles su gracia especial.

Al leer mi respuesta a Larry King, a usted puede haberle parecido precipitada, incluso simplista. Pero no fue una respuesta improvisada. Muy temprano en mi ministerio confronté esta pregunta en cuanto al destino de los pequeños que mueren. Mi búsqueda de una respuesta fundamentada en la Biblia empezó después de una crisis un sábado por la mañana.

En ese tiempo mi oficina pastoral daba al patio de nuestra iglesia. El letrero en la puerta corrediza de vidrio del patio claramente decía: «Oficina pastoral». Por lo tanto, no debería haberme sorprendido por lo que sucedió esa mañana mientras yo estaba sentado en mi estudio dando los toques finales al sermón para la mañana siguiente.

Una mujer llegó a la puerta del patio y llamó a golpes. Corrí a abrir la puerta solo para oírle exclamar con gran angustia: «¡Por favor, venga! ¡Creo que mi bebé se murió!». Al instante la acompañé de prisa a su casa, que quedaba apenas a pocas casas del templo. Tristemente, al entrar, hallé que el bebé yacía sin vida en su cuna.

Me oí diciéndole a esta angustiada joven madre lo que confiaba que serían palabras de consuelo: «Su bebé está en el cielo. Está seguro en los brazos de Dios».

Ella lloró incontrolablemente al principio, pero luego, conforme esas palabras penetraban en su espíritu, se calmó un poco. Me quedé allí hasta que llegaron los paramédicos y algunos parientes cercanos para estar con ella. Entonces volví a la oficina pastoral; sacudido en mi interior por lo abrupto de la interrupción, el carácter definitivo de la muerte de ese niño y también por lo que había dicho desde mi corazón de pastor.

En los días que siguieron reflexioné varias veces en la experiencia. Intuitivamente sentía que le había dicho lo correcto a aquella madre perpleja y afligida, pero también sentí una fuerte compulsión de saber con certeza que le había dicho la verdad. ¿Le había dicho algo que pudiera tener respaldo de la Palabra de Dios? ¿O acaso le había dicho solo lo que pensaba que la calmaría y consolaría en la desesperación emocional de ese momento?

Empecé a estudiar los pasajes bíblicos que hablan de la muerte de infantes y niños; incluso los que mueren en el vientre, los que mueren al nacer y los que nunca crecieron mentalmente por completo al punto de ser capaces de discernir entre el bien y el mal. Fue por este estudio que llegué a las conclusiones que presento en este libro. Debo advertirle que este no es un libro sensiblero de «consuelo» típico. Debido a que estoy convencido de que el único consuelo verdadero viene de la Palabra de Dios, consideraré temas tales como el pecado, la edad de responsabilidad y la predestinación. Pienso que, a fin de cuentas, usted quedará agradecido por este enfoque, porque no tendrá que apoyarse en el sentimiento o los deseos ilusorios de paz mental y de corazón; sino que podrá apoyarse en la Palabra de Dios. Las emociones vienen y van, pero la verdad de la Palabra de Dios es completamente consecuente y confiable.

Mi respuesta a aquel presentador no fue una respuesta sacada del aire a una pregunta que brotó del aire. Fue un enunciado de mi verdadera convicción basada en un estudio exhaustivo y cuidadoso de las Escrituras a través de los años.

«Al instante en el cielo» verdaderamente es el destino de infantes y niños. Permítame decirle *por qué* eso es verdad.

¿Qué podemos decir con certeza a los que quedan con los brazos vacíos?

LILIA SE DESPERTÓ ESA MAÑANA MÁS TEMPRANO QUE DE costumbre, y su primer pensamiento fue ir a la cuna de su nena. Había dado a luz a Eunice tres días atrás, y Lilia sentía una gran satisfacción al tener una hija que se uniera a sus dos hijos traviesos. Sin embargo, desde el principio, la pequeña Eunice había estado inquieta y pálida, a diferencia de sus hermanos al nacer. Parecía que tiritaba con frecuencia, como si tuviera mucho frío por dentro, aunque Lilia y la partera que la atendió no pudieron detectar ninguna fiebre. Debido a su preocupación de que pudiera tener frío, dejaron la cuna junto a la chimenea.

La preocupación inmediata de Lilia al entrar en la sala esa mañana fue que la chimenea se había apagado; no se veía ni siquiera lumbre de alguna brasa encendida. De inmediato corrió a la cuna para alzar a Eunice, sintiendo un abrumador instinto maternal para abrigarla con su propio calor. Para su horror, la nena estaba yerta y sin vida. En algún momento entre la una de la madrugada, cuando Lilia fue a ver a la niña, y su vuelta a las cinco de la madrugada, Eunice había muerto.

Los clamores lastimeros de Lilia despertaron a su esposo e hijos. No podía ser consolada y por horas se negó a soltar a Eunice de sus brazos mientras la mecía, gimiendo a gritos. Finalmente su esposo, Marvin, le dijo a los muchachos: «Debemos dejar a mamá a solas por un tiempo». Los tres aprovisionaron de leña la chimenea, cerraron la puerta de la sala y dejaron que Lilia se lamentara hasta que hubo llorado todas las lágrimas que podía derramar. Al final, se quedó dormida profundamente. Fue entonces que Marvin pudo quitarle a la pequeña de los brazos y llamar tanto al pastor como al médico local.

Un sencillo servicio fúnebre se realizó en la fría tarde del día siguiente. El pastor dijo unas pocas palabras mientras se bajaba el pequeño ataúd a la tumba. La familia se fue a casa, al silencio de un hogar normalmente lleno de risa, de afecto, y del aroma de las sopas y los guisados que Lilia cocinaba casi constantemente.

Por la comunidad rural pronto corrió la noticia de que Lilia había dado a luz y que la bebé había vivido solo tres días. La vasta mayoría de amigos y vecinos se enteró de la pérdida después de que Eunice ya había sido enterrada. Muy pocos alguna vez les mencionaron a Marvin y a Lilia el nacimiento de la niña. Solo un niño se acercó a sus hijos en la escuela y les dijo: «Oí de su hermana. Lamento lo que sucedió». Solo un puñado de amigos y miembros de su iglesia fue a la casa de Lilia y Marvin para visitarlos.

La esposa de una pareja que los visitó le dijo a Lilia: «Fue lo mejor, querida. Es mejor que te olvides que siquiera sucedió. No tenemos por qué volver a hablar de esto».

Lilia ni siquiera podía imaginarse cómo ella pudiera olvidar alguna vez. ¿Por qué nunca iba a querer hablar de su hija otra vez? Eunice había vivido dentro de ella por nueve meses, aun cuando solo por tres días fuera de su vientre. Fue una persona y un miembro de la familia, y Lilia estaba convencida de que quienes la querían debían recordar a su hija.

Otra mujer le dijo: «Qué malo que dejaste que la chimenea se apagara».

Lilia quedó espantada de que sus amigas pensaran que ella había matado a su propia hija debido a un descuido. Ni siquiera se le había ocurrido considerar hasta ese momento que su pequeña se hubiera muerto debido a que ella no se quedó despierta para echarle leña a la chimenea.

Pero lo peor que Lilia oyó sin querer con respecto a la muerte de su hija fue algo que una mujer le decía a Marvin: «Dios no debe haber querido que Lilia tuviera una hija».

Lilia quedó destrozada hasta la médula de su alma. ¿Qué clase de Dios sería tan cruel como para confiarle a Lilia un embarazo y luego pensar que ella era tan inepta en su papel de madre como para quitarle de inmediato a la niña que dio a luz?

De muchas maneras, Lilia nunca se recuperó del nacimiento y la muerte de su pequeña. No hubo explicación para la enfermedad o muerte de su niña; su nacimiento tuvo lugar en la primera parte del siglo veinte y nadie había acuñado todavía la frase «síndrome de muerte súbita del lactante».

Lilia, a quien en un tiempo se le había conocido en toda el área como una mujer vivaz, alegre y enérgica, se volvió callada y retraída, perpetuamente triste. Sin los recursos y la asesoría fácilmente disponibles hoy, Lilia quedó deprimida por varios años. Una noche, sin que su esposo lo supiera, salió de la casa y se fue a dar una larga caminata en medio de una tormenta de nieve. El resfriado se convirtió en neumonía, y sin ninguna señal de que tuviera la menor voluntad de vivir, Lilia murió dos semanas más tarde, en su casa, apenas a pocos metros de la cuna vacía que todavía estaba en su lugar junto a la chimenea.

La experiencia de Lilia se repite incontables veces por todo el mundo, todos los días. Nacen bebés. Estos no logran progresar. Y mueren después de pocas horas o días.

En algunos casos se sabe la causa de la muerte; en otros miles de casos por todo el mundo, la causa nunca se sabe.

Los padres tienen reacciones muy intensas ante la muerte de un hijo o una hija. Sin embargo, el público en general rara vez reconoce o tiene en cuenta estas reacciones, y como resultado, a menudo estas son privadas, intensas, y quedan sin resolverse.

Hace unos años leí un artículo titulado «Reacciones mentales a la muerte perinatal», que mencionaba estadísticas relativas a las reacciones de los padres después de la muerte de un pequeño:

- El sesenta por ciento de ambos padres se sienten furiosos.
- El cincuenta por ciento de los padres y el noventa por ciento de las madres se sienten culpables.
- El setenta y cinco por ciento se vuelven irritables.
- Entre el sesenta y cinco y el setenta y cinco por ciento de los padres pierden el apetito, y entre el ochenta y el noventa por ciento tienen dificultades para dormir.
- Entre el noventa y cinco y el ciento por ciento de los padres sienten una tristeza honda y profunda.[1]

Mientras que muchas de estas cifras estadísticas pueden coincidir con otras relativas a la forma en que una persona se aflige por el duelo, las cifras relativas a la culpabilidad y la ira son significativamente más altas.

Cuando se considera que millones de niños mueren cada año, la aflicción que sufren incluso más millones de padres y madres produce una especie de sombra en todos en nuestra nación; a decir verdad, en todo ser humano, sin importar dónde viva.

¿Dónde hay esperanza para estos padres y madres?

¿Cuál es la respuesta de la Palabra de Dios?

De una cosa estoy seguro. La familia, los amigos y la comunidad de la iglesia de Lilia deberían haberla consolado con *respuestas* de la Biblia antes que con preguntas respecto a por qué Dios permitió que la niña muriera y si de alguna manera se le debía echar la culpa a Lilia. Ella necesitaba una voz de aliento y ayuda para salir de su depresión. Sobre todo, necesitaba que se le diera la verdad de la Palabra de Dios.

Usted merece una respuesta de la Palabra de Dios

Hace varios años se me pidió que participara en un panel en una conferencia grande. Otros tres pastores estaban conmigo en este panel de preguntas y respuestas. Una de las preguntas que surgió del público fue: «¿Qué les pasa a los bebés cuando mueren?». En esencia, la respuesta de los otros tres pastores fue: «No lo sé».

Quedé consternado. ¿Cómo puede alguien ser pastor y no tener una respuesta para esa pregunta? ¿Cómo puede un pastor siquiera ofrecer consejo o aliento a los que sufren la pérdida de un hijo a menos que tenga respuestas a las preocupaciones de un corazón afligido por el duelo?

Cuando me llegó el turno dije: «Van al cielo». Luego les di una explicación con la Biblia.

Los que sufren aflicción por la pérdida de un ser querido *merecen* una respuesta compasiva arraigada en la verdad de las Escrituras. Los padres las necesitan, también los parientes, los amigos, los pastores y los consejeros. Y como he aprendido, las respuestas bíblicas sin consuelo caerán en oídos sordos, y el consuelo sin la Biblia nunca curará por completo ni elevará un corazón afligido por el duelo.

Cuando miramos la tumba de un pequeño, no debemos poner nuestra esperanza o confianza en una promesa falsa, en una teología fuera de la Biblia, en la inestabilidad del sentimentalismo, ni en el frío análisis de la lógica humana. Más bien, debemos mirar lo que la Palabra de Dios tiene que decir sobre el asunto. Somos llamados a ser fieles a la Palabra de

Dios y a poner nuestra fe en Cristo. Se nos presenta el reto de apropiarnos de las promesas de las Escrituras y vivir en la certeza de la gracia de nuestro Señor. Necesitamos palabras del cielo sobre la muerte de un niño.

Nuestra respuesta de la Biblia empieza con un enunciado muy sencillo pero muy importante: *toda vida concebida es una persona.*

La Biblia es muy clara en este punto: la vida comienza en la concepción. Cualquier muerte que ocurre después del momento de la concepción es la muerte de una *persona.* Y las *personas* tienen almas eternas. Todo lo demás que digamos debe basarse en esta verdad fundamental.

La Biblia nos da seis poderosas verdades en cuanto a la *personalidad* de todo niño concebido.

Seis verdades valiosas acerca de su vida y la vida de su bebé

Uno de los pasajes más consoladores de toda la Biblia es Salmos 139. David escribe con elocuencia acerca de cómo Dios lo considera a él y a todo ser humano:

> ¡Cuán preciosos me son, oh Dios, tus pensamientos!
> ¡Cuán grande es la suma de ellos!
> Si los enumero, se multiplican más que la arena;
> Despierto, y aún estoy contigo. (vv. 17–18)

David valora grandemente los «pensamientos» de Dios hacia su propia vida. Los llama *preciosos.* Se consuela y se deleita en el hecho de que los pensamientos de Dios respecto a él son muy numerosos para contarlos.

¿Qué son estos preciosos pensamientos a los cuales David alude? En los versículos previos de este salmo, David identifica seis verdades profundas.

1. Dios sabe todo sobre usted antes de su concepción. La primera declaración que David hace en Salmos 139 es que el Señor sabe *todo* en cuanto a él. Y empieza su salmo con estas palabras:

Oh Jehová, tú me has examinado y conocido.
Tú has conocido mi sentarme y mi levantarme;
Has entendido desde lejos mis pensamientos.
Has escudriñado mi andar y mi reposo,
Y todos mis caminos te son conocidos.
Pues aún no está la palabra en mi lengua,
Y he aquí, oh Jehová, tú la sabes toda. (vv. 1–4)

David señala que el Señor sabe todo detalle de cada momento de su vida, incluso cuando se levanta y cuando se sienta. Dios sabe sus pensamientos, sus idas y venidas, sus hábitos e inclinaciones, y sus rasgos de personalidad. La frase «aún no está la palabra en mi lengua» significa «incluso antes de que yo hablara o fuera capaz de hablar». David afirma que el Señor sabía lo que iba a decir antes de que él abriera su boca para hablar, e incluso antes de que pudiera formar palabras con su boca.

Lo mismo es cierto de usted y de mí. Dios conoce íntimamente cada detalle de su vida, desde la concepción hasta el momento en que usted entra en la eternidad. Él sabe *todo* lo que usted dice, hace, piensa y siente. En verdad, él sabía *todo* acerca de usted antes de que pudiera articular palabras con su boca o tener pensamientos en su mente, incluso antes de que pudiera andar o actuar por cuenta propia.

Lo mismo es verdad, por supuesto, de su bebé. Dios sabe *todo* lo que hay en el corazón y la mente de su niño; incluso antes de que su pequeño tenga un cuerpo plenamente desarrollado y un cerebro en el cual incorporar y expresar verbalmente pensamientos y sentimientos.

2. Dios interviene activamente en su vida. David afirma en Salmos 139 que el Señor tiene un plan y un propósito para cada vida. Él controla las cosas que nos suceden a nosotros, en nosotros, alrededor de nosotros y por medio de nosotros. David escribió:

Detrás y delante me rodeaste,
Y sobre mí pusiste tu mano.
Tal conocimiento es demasiado maravilloso para mí;
Alto es, no lo puedo comprender. (vv. 5–6)

Nadie puede escaparse del papel activo de Dios en su vida. El Señor está arriba, abajo y por todos lados. Estamos firmes y completamente a su alcance en todo momento de nuestra existencia. Dios tiene el control completo de nuestra vida. Así que, también él tiene control completo de la vida de su pequeño.

Para la vasta mayoría de los que son concebidos, evadir la muerte es muy difícil. Las fuerzas de la muerte son muy fuertes contra el niño concebido, incluso en el vientre. Muchos sufren la muerte por un aborto espontáneo o intencional. En zonas primitivas y pobres del mundo, las fuerzas de la muerte también son muy enérgicas contra el niño al nacer y en los meses que siguen al nacimiento. Vivir y prosperar significa una lucha intensa; la vida dista mucho de ser algo que «se da por sentado» automáticamente.

En las Escrituras se considera el nacimiento *exitoso* de todo niño como un acto autorizado por Dios. En Salmos también hallamos estas palabras de David:

> Pero tú eres el que me sacó del vientre;
> El que me hizo estar confiado desde que estaba a los
>   pechos de mi madre.
> Sobre ti fui echado desde antes de nacer;
> Desde el vientre de mi madre, tú eres mi Dios.
> (Salmos 22.9–10)

La decisión de si un bebé vive o muere es de Dios. Él permite la concepción. Él permite el nacimiento. También permite la muerte al nacer. Dios permite lo que está de acuerdo con sus propósitos. Ninguna muerte o vida ocurre fuera de los propósitos de Dios.

Dios interviene activamente en cada detalle de cada vida, incluso si un niño *nace* o muere en el vientre, o si el niño vive *más allá* del nacimiento o muere al nacer.

3. **Dios nunca deja de conocerlo a usted.** El Señor nunca olvida, ni pasa por alto, ni pierde de vista a nadie. David escribió:

¿A dónde me iré de tu Espíritu?
¿Y a dónde huiré de tu presencia?
Si subiere a los cielos, allí estás tú;
Y si en el Seol hiciere mi estrado, he aquí, allí tú estás.
Si tomare las alas del alba
Y habitare en el extremo del mar,
Aun allí me guiará tu mano,
Y me asirá tu diestra. (Salmos 139.7–10)

No puede ir a ninguna parte sin que el Señor sepa con exactitud dónde está usted. Lo mismo es cierto de su bebé.

4. Dios nunca está limitado en su entendimiento. Nada jamás puede hacer que Dios tenga una comprensión disminuida de su vida. Metafóricamente hablando, la luz nunca puede atenuarse tanto como para que Dios no pueda verlo por completo. Nadie jamás cae en alguna situación o circunstancia que lo escude de la vista de Dios. David escribió:

Si dijere: Ciertamente las tinieblas me encubrirán;
Aun la noche resplandecerá alrededor de mí.
Aun las tinieblas no encubren de ti,
Y la noche resplandece como el día;
Lo mismo te son las tinieblas que la luz.
(Salmos 139.11–12)

Dios lo conocía desde los primeros momentos después de su concepción tanto como lo conoce hoy. Él lo ve a usted plena y completamente en el contexto de la eternidad, no del tiempo. Lo ve a usted en los detalles con que él lo ha hecho, y esa perspectiva de su vida no es de ninguna manera inhibida, impedida o bloqueada por alguna circunstancia o experiencia que pudiera sobrevenirle a usted. Lo mismo es cierto de su bebé.

5. Dios es su creador personal. A lo mejor piensa que sus padres son responsables por haberle hecho como usted es, pero la Palabra de Dios dice otra cosa. La Biblia declara que Dios es el Creador de toda vida. Él es quien entreteje las hebras de ADN que conforman su código genético. Él es el que instiló en usted todos los rasgos de personalidad, las capacidades, los talentos y los dones espirituales que tiene. Dios es el que le dio la sonrisa de su madre, los dedos de los pies de su padre, ese hoyuelo en el mentón como su abuelo o los ojos de su abuela. David lo escribió tan hermosamente:

Porque tú formaste mis entrañas;
Tú me hiciste en el vientre de mi madre.
Te alabaré; porque formidables, maravillosas son tus
    obras;
Estoy maravillado,
Y mi alma lo sabe muy bien.
No fue encubierto de ti mi cuerpo,
Bien que en oculto fui formado,
Y entretejido en lo más profundo de la tierra.
    (Salmos 139.13–15)

Quizá piensa que usted «hizo» a su bebé. No es así. Dios hizo a su bebé y sopló en él o ella aliento de vida. Su niño es creación *de Dios*.

6. Dios planeó personalmente su destino. Dios señaló sus días y autorizó su propósito especial para ellos. David escribió:

> Mi embrión vieron tus ojos,
> Y en tu libro estaban escritas todas aquellas cosas
> Que fueron luego formadas,
> Sin faltar una de ellas. (Salmos 139.16)

Lo mismo es cierto de su niño. Dios sabía precisamente cuánto tiempo viviría su niño y con qué propósito viviría ese pequeño suyo. El destino de su hijo estaba y está en las manos de Dios.

La palabra del Señor vino al profeta Jeremías de una manera muy similar a lo que experimentó David. En el pasaje inicial de la profecía de Jeremías leemos:

> Vino, pues, palabra de Jehová a mí, diciendo: Antes que te formase en el vientre te conocí, y antes que nacieses te santifiqué, te di por profeta a las naciones. (Jeremías 1.4–5)

El profeta Jeremías sabía quién era. No solo sabía que era hijo de Hilcías, sino, mucho más importante, sabía que había sido creado por Dios para los propósitos de Dios.

Observe el número de veces que el Señor personaliza su llamado a Jeremías. Dios dijo: «Yo *te* formé. Yo *te* conocí. Antes de que nacieras *te* santifiqué. Yo *te* ordené». El Señor no consideraba a Jeremías como si fuera alguna forma de «carne anónima». Jeremías era una *persona*, conocida completamente por el Señor, formada individualmente por Dios y apartada por Dios para los propósitos de Dios.

Este entendimiento refleja la verdad de Salmos 139 cuando David dice: «Mi embrión vieron tus ojos, y en tu libro estaban escritas todas aquellas cosas que fueron luego formadas, sin faltar una de ellas» (Salmos 139.16).

Desde el vientre de su madre, *usted* es una persona ante los ojos de Dios. Al crearlo, él sabía lo que quería que usted fuera; Dios sabe el plan y el propósito completos para su vida, sus talentos, sus habilidades potenciales, sus deseos y sueños, su personalidad y todo detalle de su constitución como individuo único y sin igual.

Juan el Bautista, el profeta y heraldo de Jesucristo, fue otro personaje de quien las Escrituras expresamente dicen que tenía un destino único desde que estaba en el vientre de su madre. Un ángel le habló a Zacarías, padre de Juan, acerca del bebé todavía no concebido: «Porque será grande delante de Dios. No beberá vino ni sidra, y *será lleno del Espíritu Santo, aun desde el vientre de su madre*. Y hará que muchos de los hijos de Israel se conviertan al Señor Dios de ellos» (Lucas 1.15–16, énfasis añadido).

Juan no solo fue creado por Dios, sino que también en él estaba Dios, quien diseñó que su propósito en la tierra empezara a funcionar antes de que naciera.

Esta palabra profética a Zacarías se cumplió. El Evangelio de Lucas indica el encuentro entre María, que estaba encinta de Jesús, y su prima Elisabet, que estaba encinta de Juan el Bautista. Elisabet dijo: «Porque tan pronto como llegó la voz de tu salutación a mis oídos, la criatura saltó de alegría en mi vientre» (Lucas 1.44). Incluso en el vientre, incapaz de hablar o de otras respuestas racionales, Juan el Bautista pudo responder, impulsado por el Espíritu, a la presencia de su Señor. Su madre supo que él «saltó» y que su salto era «de alegría» porque María estaba encinta del Mesías.

El apóstol Pablo dijo de sí mismo: «Pero cuando agradó a Dios, *que me apartó desde el vientre de mi madre, y me llamó por su gracia*, revelar a su Hijo en mí, para que yo le predicase entre los gentiles» (Gálatas 1.15–16, énfasis añadido). Pablo creía que Dios lo conocía por completo y que pertenecía por completo a Dios desde el vientre de su madre. Su propósito fue establecido incluso antes de que naciera.

Dios sabe quién es usted desde que estaba *en el vientre de su madre*. Y él conoce quién es su niño o niña. También sabe el destino y el propósito completos de cada niño.

¡Qué valiosas son estas verdades! ¡Qué gigantesca esperanza podemos hallar en estos versículos! Dios conoce todo en cuanto a su bebé y ha intervenido íntimamente en todo aspecto de la creación de su bebé desde el mismo momento de la concepción. Su niño nunca ha estado fuera del cuidado amoroso e interés, o del ojo vigilante, del Señor. Su bebé es creación de Dios. El destino de su bebé está de acuerdo con el plan y el propósito cuidadosamente entretejidos de Dios.

Dios se sirvió de ustedes para traer a la realidad de la vida la personalidad del niño o niña *de Dios*.

Dios está presente en toda concepción. Él interviene íntimamente en cada momento de cada vida que él permite que sea concebida.

Dios supervisa y guarda cada vida que él permite que exista. Dios pone a cada vida en el contexto de su plan y propósito eternos.

Un plan especial para cada vida

«Sin embargo», tal vez usted diga: «Jeremías fue un caso especial. Él fue profeta y como sabemos por las Escrituras, creció y obedeció a Dios y cumplió el propósito de Dios para su vida. David también fue un caso especial. Fue ordenado desde su juventud para ser rey, y sabemos que toda su vida su corazón fue para Dios. Juan el Bautista y el apóstol Pablo fueron personas especiales escogidas por Dios para propósitos especiales. ¿Pero qué de *mi* niño?».

Su niño es igualmente especial.

Dios tiene un plan y propósito singulares para todo niño concebido. Tal vez no entendamos completamente el plan de Dios. Tal vez ni siquiera podamos comprender los propósitos de Dios. Pero sí podemos saber con fe que nuestro Dios perfecto no yerra. Él no permite una concepción que esté fuera de su plan y propósitos soberanos.

Permítame contarle un testimonio que recibí de una joven pareja de nuestra iglesia, Mark y Diana. La carta que me escribieron hace poco es un testimonio vibrante, sincero y lleno de fe de que Dios tiene un plan y propósito para *cada* niño, incluso el que puede haber nacido con problemas mentales y deformidades físicas.

Hace siglos, y todavía hoy en algunas culturas primitivas, a un bebé que nacía con cualquier clase de anormalidad se le abandonaba para que se muriera. La idea era que la muerte resultaba mejor que la vida para un niño así. Incluso en nuestra sociedad hay quienes dicen en voz baja: «Qué lástima que su madre no lo perdió por un aborto espontáneo».

¿Es mejor que un niño así se muera? ¿De acuerdo con quién? ¿Y mejor para quién: para los padres o para el niño? Solo Dios tiene autoridad para determinar la vida y la muerte. Debemos dar por sentado que si un niño con problemas mentales o físicos vive hasta el nacimiento, es porque el Señor quiere que ese niño o niña esté vivo en esta tierra. Las principales personas que se van a beneficiar de la vida del niño son las que *cuidan* de él. Nuestro soberano Señor siempre tiene un plan y propósito para cada vida. Y para los que le pertenecen por fe en Cristo Jesús, su camino *siempre* es para nuestro bien eterno y su gloria eterna. ¡*Siempre!*

Mark, el padre de la niña, escribió:

Bethany nos llegó en septiembre hace como cinco años. Ella fue, como todos los niños, un don del Señor. Fue nuestro tercer don; nuestra aljaba estaba llena. Sin embargo, no pasó mucho tiempo después de que ella naciera, para que nos llenara la ansiedad. Las enfermeras estaban tomando demasiado tiempo para bañarla. No teníamos ni idea de que estaba en la unidad de cuidados intensivos.

Mi esposa, Diana, nunca se amilanó por el ruido de la UCI con todas las luces relampagueantes, silbidos y ajetreo que tenían lugar alrededor de Bethany. Ella manifestó a su nueva hija el mismo deleite, admiración, amor y afecto que había mostrado a nuestros otros dos hijos. Por otro lado, yo necesité controlarme. Yo seguía balbuceando en cuanto a su futuro y lo que pudiera incluir, y cómo tendríamos que enfocar su vida.

El día después del nacimiento de Bethany, diagnosticaron que era una pequeña con síndrome de Down. Solo la soberanía de Dios nos impidió derrumbarnos. Cada uno le echó la culpa a la familia del otro, temblamos y nos estremecimos, y luego oramos pidiendo dirección. Unos pocos días más tarde volví a mis cabales mediante la ayuda de más oración en presencia de mis amigos. Me di cuenta de que Bethany no era un síndrome sino nuestra *hija*; era un don de nuestro amante y sabio Padre.

El nacimiento de Bethany fue el inicio de una maravillosa jornada para nuestra familia. Descubrimos un andar más cerca de Dios. La compasión de Dios se movió por nosotros mientras nos deleitábamos en cuidarla y recibir su amor. Nos animó la forma en que la gente de nuestra iglesia aceptó a Bethany, y nos llenó de gozo y entusiasmo su futuro. Podría seguir escribiendo páginas y más páginas en cuanto a las ocasiones especiales que todos tuvimos con ella, las bendiciones que recibimos, la sabiduría que se nos dio, y la intimidad que sentimos con nuestro Salvador y Señor.

Conforme se acercaba la Navidad del año 2000, el ajetreo y la ocupación de nuestras vidas se intensificaron. No obstante, no teníamos ni idea de que sería una Navidad que cambiaría nuestras vidas para siempre...

Bethany acababa de cumplir tres años ¡y qué dínamo era! De una niña débil, frágil y aletargada, ¡se había convertido en una pequeña curiosa y alegre que corría y conversaba! Asistía al preescolar y estaba rodeada de amigos en la iglesia.

Supimos de inmediato que algo andaba mal cuando Bethany se despertó triste y sin ganas de jugar. Luego, esa noche, no pudo dormir ni dejar su lloriqueo lastimero. Llevamos a Bethany a una clínica de cuidado urgente al día siguiente, de nuevo al otro día y otra vez dos días más tarde, que era Navidad.

Ninguno de los médicos que atendió a Bethany pudo decirnos qué andaba mal en ella. Fue solo después de muchos análisis médicos y mucha observación que le diagnosticaron leucemia, la noche del 31 de diciembre. Me quedé con ella en su cama esa noche para sostenerla y evitar que se bajara de la cama alta del hospital. Hasta ese punto su dolor era tan intenso que no podía moverse, mucho menos andar. La cantidad de morfina que bombeaban en su cuerpecito era tremenda, e incluso así, no se quedó quieta sino como a las tres de la madrugada. Sus pulmones dejaban de funcionar de cuando en cuando esa noche, y las enfermeras llegaban a la carrera para hacerla volver a respirar. Desde el día de su diagnóstico nuestras vidas se intensificaron grandemente. Nos volvimos dependientes por completo de la ayuda de Dios el Padre simplemente para lograr vivir cada día.

Diana fue fuerte en su servicio a Bethany y creía que Dios sanaría a su niña. Yo me sentía como una concha vacía. Caminaba con una impresión de insensibilidad en mi cuerpo y, sin embargo, sentía que en cualquier momento podría estallar en pánico o temor.

Quería luchar, proteger y preservar la vida de mi pequeña, me sentía completamente confundido y perplejo porque no había nada que pudiera hacer para impedir que ella empeorara cada vez más. Me sentí tan insignificante al punto de considerarme inútil por completo, incluso mientras otros alrededor de mí, y yo mismo, *esperábamos* que pudiera actuar con valentía, dar consejo sabio a mi familia y servir a Dios.

Una vez que las fiestas pasaron, los médicos hicieron un «plan» para el cuidado de Bethany. Nos animó el pronóstico de que Bethany tenía un noventa por ciento de probabilidades de sobrevivir. Los médicos recetaron un tratamiento de quimioterapia que seguimos por los próximos once meses. Los últimos tres meses pudimos suministrarle la quimioterapia en casa. Aunque Bethany perdió todo su hermoso pelo y tenía un tubo plástico que le salía del pecho y que iba directamente a la vena principal de su corazón, no tenía ninguna reserva en cuanto a vivir la vida con alegría.

Se había proyectado quitarle a Bethany el tubo central de su quimioterapia en octubre, poco después de que cumpliera cuatro años. Después de unas pocas semanas de verificar una y otra vez los resultados de su régimen de quimioterapia de diez meses, nos sentimos angustiados al descubrir que la leucemia había vuelto. Los médicos ahora le dieron una probabilidad de supervivencia de entre un treinta y un cincuenta por ciento.

Poco después de esto fuimos al Lago Castaic para disfrutar del aire libre juntos como familia. Nunca olvidaré ese día. Bethany estaba entusiasmada por la oportunidad de subir a las colinas cercanas; se negó a que la llevara cargada. Casi ni podía imaginarme la gracia y la misericordia de Dios mientras contemplaba a mi pequeña con síndrome de Down, después de diez meses de quimioterapia, con su leucemia de nuevo al nivel del cuarenta y uno por ciento de lo que había sido antes, con la fuerza y el entusiasmo que tenía. Dios nos estaba enseñando a confiar en él y a seguir su voluntad paso a paso.

Esa noche hallé a Bethany sentada en el piso, ocupada con sus juguetes. Me senté a jugar con ella en el piso. Era tan preciosa; mi mente empezó a inundarse con los recuerdos amados de las ocasiones felices que habíamos tenido. Lloré con angustia por el pensamiento de perderla. Bethany me dio palmaditas en la cabeza y me preguntó: «¿Qué pasa, papá? ¿Qué pasa?». Allí estaba mi pequeña alegremente conversando conmigo; casi me pareció que ella sabía el plan de Dios para su vida y estaba satisfecha con el mismo. Decidí de corazón darle lo mejor que pudiera y hacer de su vida lo más alegre posible.

Se recetó otro tratamiento de quimio para expulsar de su cuerpo esa leucemia resistente, aun a riesgo de dañar otros órganos. A eso debía seguir un trasplante de médula ósea. Nuestro hijo Christopher resultó ser un donante perfecto para el trasplante. Nuestra hija Michelle no era compatible para el trasplante, pero con alegría hubiera dado cualquier cosa por su hermanita.

La semana del trasplante, que resultó ser la última semana de vida de Bethany, se me vuelve borrosa. Recuerdo, eso sí, que Diana me llamó mientras hacía lo más que podía para ayudar a Bethany a respirar y descansar con comodidad. Cuando llegué al hospital después de su llamada, hallé a Bethany sentada bajo la tienda de oxígeno, y por primera vez parecía que se había rendido. Cuando la entubaron, un tubo insertado por su garganta hasta sus pulmones, la mirada en su cara clamaba ayuda en silencio. El tubo le hizo toser y jadear por aire y, sin embargo, no se pudo oír ningún sonido porque sus pulmones necesitaban aire para hacer un ruido al toser. También recuerdo el clamor amoroso de Diana: «Bethany, por favor, no me dejes», mientras Bethany se nos escapaba. Al final, el corazoncito de Bethany falló, como un atleta que ha corrido mucho más allá de su límite. Todo el alboroto de la UCI dio lugar al único sonido de nuestros propios gemidos y llanto. Los gritos de nuestros hijos cuando les dijimos que Bethany ya no podría nunca más caminar con nosotros aquí en la tierra están grabados de manera indeleble en nuestros corazones.

La lucha de Bethany contra la leucemia había durado dieciséis meses, desde el día de Navidad hasta el Día de Resurrección.

Bethany dejó este mundo casi de la misma manera en que entró: conectada a tubos, cables, agujas, respiradores, monitores, y muchas manos atendiéndola y ojos vigilantes cuidadosamente monitoreando sus delicados signos vitales. Sin embargo, la mayor parte de su vida Bethany vivió libre de estas cosas. Escogimos recordar como ella *vivió* más que como murió. Le encantaba jugar y cantar con su hermana Michelle y su hermano Christopher. Era una pequeña divertida y traviesa que disfrutaba de los libros, del jardín, de pintar y de los animales.

Hubo ocasiones durante la vida y la enfermedad de Bethany en que le preguntamos a Dios: «¿Qué hicimos? ¿Qué no hicimos?». Nos sentimos luchando con la cuestión del pecado y si algo que hicimos o que no hicimos contribuyó a la enfermedad de Bethany. No hay respuestas a esas preguntas, y siempre llegamos al punto de hallar que nuestra fidelidad a Dios se queda corta y que la fidelidad de Dios aumenta infinitamente hacia nosotros.

Bethany ahora disfruta viendo a Dios cara cara y está perfectamente satisfecha con la vida que vivió en la tierra por apenas cuatro años y medio. Les decimos a nuestros hijos que Bethany tomó la ruta rápida al cielo; un cohete para volar en su jornada. Nosotros todavía estamos en la caravana de carretas de la vida. Solo Dios decide el largo de nuestro peregrinaje y la rapidez con que lo recorremos. Nos animamos nosotros mismos como familia porque Bethany está en la presencia del Dios Todopoderoso, sin dolor, ni lágrimas, ni ansiedad en cuanto a echarnos de menos. Ella ya no es una niñita de cuatro años y medio, con síndrome de Down. ¡Está sana, completa y totalmente madura en el Señor! No tenemos absolutamente ninguna duda de que volveremos a verla, así como veremos a Dios y a su Hijo, Jesucristo, cara cara. Solo entonces entenderemos en realidad todos los propósitos de Dios para la vida de Bethany, pero sí sabemos esto: nuestra alabanza a Dios será por la eternidad porque su sabiduría y santidad son perfectas.

Nuestras luchas, por supuesto, no acabaron con la muerte de Bethany. Todavía nos cuesta pasar las fiestas sin ella. Todavía luchamos tratando de entender lo que sucedió con la debilidad de nuestra propia lógica. Todavía luchamos con someternos al plan de Dios y servirle con gozo hasta el día en que nos llame a cada uno de nosotros a que vayamos a estar con él. Incluso así, sabiendo lo que ahora sabemos, si Dios nos pidiera que volviéramos a vivir todo esto, sabemos que estaríamos dispuestos a hacerlo a fin de conocerle como lo conocemos hoy. Él es un Dios de infinita gracia, misericordia, compasión y paz.

Lo que sigue es un fragmento del panegírico que Mark dio en el funeral de Bethany:

Estoy convencido de que Dios nos envió a Bethany para enseñarnos el carácter de su amor incondicional... Para Bethany, cosas tales como el síndrome de Down, leucemia, quimioterapia y trasplantes de médula ósea eran trivialidades. Si uno entraba en su vida, sea en casa o en una habitación del hospital, ella se sentía de lo más alegre al saludarlo e igualmente entusiasta cuando uno se iba.

Cuando orábamos, Bethany no permitía que fuera de ninguna otra manera que todos tomados de la mano. Su confianza fue grande y vivió sin remordimientos. Cuando sentía la necesidad de arrepentirse, se ponía de rodillas y ocultaba su cara entre las manos.

Diana a menudo cantaba con Bethany: «El que comenzó en ustedes la buena obra, será fiel para completarla». Bethany ya está completa y llena del gozo más puro. Casi podemos imaginárnosla entonando alabanzas a nuestro Dios santo.

Si Bethany pudiera hablar ahora, me siento confiado de que ella diría: «No os entristezcáis, porque el gozo de Jehová es vuestra fuerza» (Nehemías 8.10).

Permítame preguntarle:

¿Era Bethany una *persona*?

¿Sabía Dios todo en cuanto a Bethany incluso antes de la concepción de ella?

¿Intervino Dios activamente en su vida?

¿Tenía Dios conocimiento completo de ella; conocimiento que continúa hasta hoy?

¿Tenía Dios conocimiento ilimitado en cuanto a cada detalle de la vida de Bethany?

¿Fue Dios el Creador personal de Bethany?

¿Había Dios planeado personalmente el destino eterno de Bethany?

La respuesta a cada una de estas preguntas es un resonante: «¡Sí!».

Dios tenía un propósito especial, único, muy personal y poderoso para la vida de Bethany en esta tierra. La vida de ella influyó grandemente no solo en las vidas de sus padres y hermanos, sino también en la vida de toda la comunidad que rodeaba a su familia. Su vida tocó las vidas de los médicos, enfermeras y otros trabajadores del hospital que la atendieron, así como también a sus vecinos y los amigos que hacía dondequiera que iba. Su vida está tocando *su* vida hoy mientras lee su experiencia, ¡así como tocó la mía cuando la conocí!

Bethany no era un «síndrome» de ninguna clase, como su padre sabiamente dijo. Era un don del Padre celestial para este mundo.

Lo mismo es verdad de su vida y la de su niño.

Lo primero y más primordial que podemos concluir con certeza acerca de un niño es esto: *cada niño concebido es una persona a quien Dios creó y ama con un propósito y destino dados por él.*

Permita que su consuelo empiece con esta verdad. Dios creó a su niño. Dios amó a su pequeño y continúa amando a su niño. El propósito y destino de Dios para su niño se cumplen a la perfección, aun si el pequeño muere. La realidad de esto está más allá de cualquier cosa que usted pueda conocer por completo de este lado del cielo.

¿Cómo considera Dios a los niños?

A TRAVÉS DE LAS ESCRITURAS, EL CORAZÓN DEL SEÑOR PARECE especialmente tierno hacia los niños.

Uno de los pasajes más tiernos de toda la Biblia se halla en Ezequiel 16. El Señor describe cómo escogió a los israelitas como si fueran un infante abandonado en un campo:

> Y en cuanto a tu nacimiento, el día que naciste no fue cortado tu ombligo, ni fuiste lavada con aguas para limpiarte, ni salada con sal, ni fuiste envuelta con fajas. No hubo ojo que se compadeciese de ti para hacerte algo de esto, teniendo de ti misericordia; sino que fuiste arrojada sobre la faz del campo, con menosprecio de tu vida, en el día que naciste.
>
> Y yo pasé junto a ti, y te vi sucia en tus sangres, y cuando estabas en tus sangres te dije: ¡Vive! Sí, te

dije, cuando estabas en tus sangres: ¡Vive! Te hice multiplicar como la hierba del campo; y creciste y te hiciste grande, y llegaste a ser muy hermosa. (Ezequiel 16.4–7)

Dios dijo con toda claridad que había llamado a Israel para que fuera su pueblo desde su origen. Había amado a su pueblo desde su infancia, como infante huérfano y abandonado. Lo que era metafóricamente verdad para Israel lo es para todos los niños: son de Dios. El amor misericordioso de Dios por los pequeños es el cuadro adecuado de su amor por Israel.

Las Escrituras reafirman, vez tras vez, dos grandes verdades:

- Dios considera que todos los bebés son suyos.
- Dios ama a todos los que son sus «pequeñitos inocentes».

Todos los bebés son «propiedad» de Dios

El gran juicio de Dios sobre su pueblo nunca se expresó con más claridad que por medio del profeta Ezequiel más adelante en este mismo capítulo. Su acusación de la gente de Jerusalén fue extremadamente fuerte:

Además de esto, tomaste tus hijos y tus hijas que habías dado a luz para mí, y los sacrificaste a ellas para que fuesen consumidos. ¿Eran poca cosa tus fornicaciones, para que degollases también a mis hijos y los ofrecieras a aquellas imágenes como ofrenda que el fuego consumía? Y con todas tus abominaciones y tus fornicaciones no te has acordado de los días de tu juventud, cuando estabas desnuda y descubierta, cuando estabas envuelta en tu sangre. (Ezequiel 16.20–22)

Dios reclama plena propiedad de estos niños y niñas inocentes que eran sacrificados a dioses falsos. Dice que estos niños le nacieron a él y que son sus hijos. Dios ejerce plena propiedad sobre los inocentes. Incluso se refiere a ellos como «inocentes» en Jeremías 2.34 y 19.4. Aunque criaturas caídas como todos los descendientes de Adán, los infantes no son culpables en el mismo sentido que aquellos cuyos pecados son voluntarios y premeditados. Por consiguiente, Dios expresa serio disgusto sobre el pueblo de Israel, que no trató a sus pequeños como los trató él.

¡Dios siente gran compasión por sus inocentes! Vemos esto claramente en la experiencia de Jonás.

Cuando el Señor llamó al profeta Jonás para que fuera a Nínive y predicara que se arrepintieran, él lo hizo, pero a regañadientes. Jonás no tenía ningún deseo de ver a los pobladores de esta ciudad enemiga convirtiéndose a Dios o de ver a Dios concediéndoles alguna misericordia. Detestaba a los gentiles en general y a los ninivitas en particular. Jonás hubiera preferido que Dios exterminara a toda la ciudad. Una navegación tempestuosa en alta mar, una experiencia en el vientre de un gran pez y varios días de predicación en Nínive después, Jonás sentía que había cumplido el mandato de Dios para su vida, pero no estaba contento por el éxito que había tenido al llamar a los ninivitas al arrepentimiento. Jonás en realidad se enojó porque Dios escogió perdonar a los ninivitas arrepentidos. Dios respondió al desagrado de Jonás con estas palabras:

> ¿Y no tendré yo piedad de Nínive, aquella gran ciudad donde hay más de ciento veinte mil personas que no saben discernir entre su mano derecha y su mano izquierda, y muchos animales? (Jonás 4.11)

Los que no podían discernir entre su mano derecha y su mano izquierda eran los niños y los discapacitados mentales, que por consiguiente no eran capaces de hacer tales juicios. Estos niños inocentes en Nínive, así como también los animales, fueron claramente objeto de la piedad de Dios. Él contuvo su castigo sobre Nínive porque la ciudad se arrepintió, y así se evitó la destrucción masiva de niños inocentes.

Solo Dios determina la edad de responsabilidad

La pregunta surge naturalmente: «¿Quién califica para la compasión de Dios como infante o niño inocente?».

En ciertos círculos de la iglesia cristiana, la pregunta a menudo se plantea de esta manera: «¿Cuál es la edad de responsabilidad?».

La cuestión no es verdaderamente asunto de «edad», sino más bien de «condición».

He bautizado a jóvenes que me han dicho que creían que habían sido salvados a los diez, a los doce o a los ocho años de edad. No hay una edad específica en la cual *toda* persona, de repente, se vuelve responsable por saber la diferencia entre el pecado y la justicia, el castigo y el perdón, y comprende el evangelio. Cada niño es singular en su desarrollo y exposición a la verdad. No hay una edad en la Biblia en la cual a todos los niños se les declara «responsables». Tampoco hay una edad cronológica en la vida de una persona en la cual de repente y automáticamente distingue el bien del mal, o es capaz de comprender el plan de Dios para la salvación.

La condición de responsabilidad es lo que importa. Todo infante o niño que fallece antes de llegar a una condición de culpabilidad moral, al instante va al cielo al morir.

Un niño que no ha alcanzado la culpabilidad moral es el que no ha logrado suficiente madurez como para entender convincentemente las cuestiones de la ley y la gracia, el pecado y la salvación. Solo Dios conoce el momento cuando un niño se vuelve «responsable». La razón por la que las Escrituras incluyen un relato de Jesús entre su infancia y adultez, a los doce años de edad, es para mostrar que él había llegado a una plena comprensión de su naturaleza divina y su misión personal. Cuando les dijo a sus padres terrenales que lo habían estado buscando: «en los negocios de mi Padre me es necesario estar», les estaba informando, a los doce años, su plena comprensión de las realidades de su vida como Hijo de Dios. Y esta es una buena edad en general para considerar la condición de responsabilidad.

La condición de responsabilidad

Un niño que no ha alcanzado la culpabilidad moral es un niño que no ha logrado suficiente madurez como para entender convincentemente las cuestiones de la ley y la gracia, el pecado y la salvación.

Un bebé abortado de forma espontánea o intencional no tiene comprensión de la ley y la gracia, el pecado y la salvación. Tampoco la tiene un bebé que muere al nacer o poco después. Ni un infante. Tampoco la tiene un niño pequeño que solo gatea; incluso un niño algo mayor, en algunos casos.

En algún punto en su maduración, el niño o la niña llega a tener una comprensión de la ley y la gracia. En otras palabras, el niño empieza a captar y *a entender* estos principios: Dios tiene reglas y mandamientos; el pecado conlleva la violación o quebrantamiento de las leyes de Dios; el perdón de los pecados ha sido hecho posible por la muerte de Jesucristo en la cruz; la gracia de Dios permite que todos los que creen en Jesucristo y lo reciben como su Salvador y se someten a él como Señor sean limpiados de sus pecados y vivan en vida nueva y en obediencia gozosa a él.

Esa edad precisa varía de un niño a otro. Es la «condición» lo que cuenta, no la edad.

Algunos niños, por supuesto, nunca alcanzan un nivel de madurez. Tienen limitaciones mentales al punto de que para siempre quedan encerrados en pensar como lo hace un niño pequeño. Pudiéramos decir que «tienen la mentalidad de un niño de cinco años» o que son «como niños» en sus capacidades mentales relativas al razonamiento, la memoria o para tomar decisiones morales. Sus cuerpos pueden madurar por completo, pero no sus mentes. También estos son «niños» que tal vez nunca lleguen a alcanzar una condición de culpabilidad moral.

Los niños en una cultura pagana son «inocentes»

Algunas veces surge la pregunta de si a los niños de los no creyentes Dios los recibe como su posesión única de la misma manera que lo hace con los infantes de los hogares cristianos. Algunos al parecer se imaginan que los infantes cuyos padres son creyentes están seguros debido a la fe de sus padres, pero que los infantes de culturas paganas están condenados por los pecados de sus padres. Por el contrario, las Escrituras claramente enseñan que a los niños de padres idólatras también se les considera «inocentes» a los ojos de Dios hasta que lleguen al estado de culpabilidad moral.

En los días del profeta Jeremías, los que seguían a dioses falsos en la tierra de Israel eran culpables de ofrecer a sus hijos como holocaustos. Dios habló de su castigo sobre los que seguían esta horrenda práctica, al mismo tiempo llamando «inocentes» a los niños sacrificados. Leemos en Jeremías 19.4–5, 7:

> Porque me dejaron, y enajenaron este lugar, y ofrecieron en él incienso a dioses ajenos, los cuales no habían conocido ellos, ni sus padres, ni los reyes de Judá; y llenaron este lugar de sangre de *inocentes*. Y edificaron lugares altos a Baal, para quemar con fuego a sus

hijos en holocaustos al mismo Baal; cosa que no les mandé, ni hablé, ni me vino al pensamiento [...] Y desvaneceré el consejo de Judá y de Jerusalén en este lugar, y les haré caer a espada delante de sus enemigos, y en las manos de los que buscan sus vidas; y daré sus cuerpos para comida a las aves del cielo y a las bestias de la tierra. (énfasis añadido)

Hace un tiempo asistí a una conferencia médica y surgió la pregunta de si los infantes van inmediata y directamente al cielo. Muchos de los asistentes eran misioneros, incluso médicos y enfermeras misioneros que trabajaban en naciones paganas del Tercer Mundo. Estos profesionales médicos ven una gran cantidad de muerte infantil, incluso abortos espontáneos y muertes al nacer. En su mayor parte, estos médicos y enfermeras trabajan en naciones idólatras y paganas.

Una enfermera neonatal se me acercó después de mi conferencia. Ella trabajaba en un medio muy difícil, en su mayor parte con niños prematuros. Me contó que nunca había sabido con certeza qué decirles a los padres de los bebés que mueren. Su gozo fue casi abrumador cuando le expliqué más ampliamente lo que creo que la Biblia enseña con respecto a la muerte de todos los bebés, incluso de aquellos cuyos padres practican las religiones más satánicas e impías. Ella expresó: «¡Al fin tengo esperanza para estos pequeños! ¡Al fin puedo transmitirles esa esperanza a sus padres, aun cuando ellos todavía no conozcan al Señor!».

En realidad, en la amplia historia del mundo, la vasta mayoría de los que han muerto antes de llegar a la plena responsabilidad moral han sido los que fueron concebidos por padres no salvos. Literalmente miles de millones de bebés fueron concebidos y entonces murieron por un aborto espontáneo, en la infancia o al nacer, en áreas del mundo no alcanzado por el evangelio o en zonas donde una religión falsa tiene en sus garras perversas a las personas. Dios no usa la palabra *inocentes* a menos que lo diga en serio. Los niños sacrificados de los adoradores de Baal no estuvieron bajo maldición ni fueron considerados culpables junto con sus padres por el rechazo perverso del Dios verdadero. Aunque los padres eran culpables, los pequeños eran inocentes. Dios es justo y no castiga al inocente.

Millones tras millones de bebés y niños en las naciones no desarrolladas y en culturas paganas han muerto con el correr de los siglos. Millones tras millones de bebés concebidos por padres que eran hindúes, budistas, musulmanes, ateos o seguidores de cualquiera de las miles de sectas y falsas religiones han muerto. Estos niños también son «inocentes» a los ojos de Dios.

Las Escrituras recalcan el hecho de que los niños inocentes están en el cielo, redimidos y morando en la presencia de Dios. En Apocalipsis leemos que en el cielo hallaremos personas «de todo linaje y lengua y pueblo y nación» (Apocalipsis 5.9). Hay linajes y lenguas hoy, los llamados «pueblos» de varias etnias, culturas e idiomas aislados y distintivos, que nunca han oído el evangelio. Sin embargo, la Palabra de Dios dice que representantes de esas tribus y lenguas estarán en el cielo. ¿Cómo es esto posible? Una manera es por la redención de sus pequeños. Estos estarán entre los que son hechos «para nuestro Dios reyes y sacerdotes» (Apocalipsis 5.10).

Los bebés no pagan por los pecados de sus padres

Los que cuestionan la inocencia de los bebés en culturas paganas tienden a sustentar la opinión de que los bebés son una «extensión» de las creencias de sus padres y de ese modo, de alguna manera son culpables por los pecados de sus padres. Esto no es lo que nos enseñan las Escrituras.

¿Qué es entonces lo que el Señor quiere decir en Éxodo 20.5, donde afirma: «Yo soy Jehová tu Dios, fuerte, celoso, que visito la maldad de los padres sobre los hijos hasta la tercera y cuarta generación de los que me aborrecen»? También, cuando el Señor estuvo con Moisés en el Monte Sinaí para darle los Diez Mandamientos en tablas de piedra, anunció su llegada diciendo: «¡Jehová! ¡Jehová! fuerte, misericordioso y piadoso; tardo para la ira, y grande en misericordia y verdad; que guarda misericordia a millares, que perdona la iniquidad, la rebelión y el pecado, y que de ningún modo tendrá por inocente al malvado; que visita la iniquidad de los padres sobre los hijos y sobre los hijos de los hijos, hasta la tercera y cuarta generación» (Éxodo 34.6–7; ver también Deuteronomio 5.9 y Jeremías 32.18). ¿No quiere decir eso que a los hijos se les considera culpables por los pecados de sus padres?

No. De hecho, Deuteronomio 24.16 dice: «Los padres no morirán por los hijos, ni los hijos por los padres; cada uno morirá por su pecado». El principio que subyace en esa ley se da en Ezequiel 18.20: «El alma que pecare, esa morirá; el hijo no llevará el pecado del padre, ni el padre llevará el pecado del hijo; la justicia del justo será sobre él, y la impiedad del impío será sobre él». Esta es una negación enfática de que a un niño se le considere culpable por los pecados de sus padres. ¿Son contradictorios estos pasajes? No. Ningún hijo lleva la *culpa* de su padre. Pero los hijos de una generación pecadora son afectados poderosamente por las *consecuencias* de los pecados de una sociedad.

En Éxodo, Dios estaba dando la ley y advirtiendo a los padres de Israel que si no lo adoraban solo a él, y se volvían de los ídolos, corromperían espiritualmente a la población y habría consecuencias malas por generaciones. La idolatría de los padres naturalmente infectaría a las generaciones subsiguientes. Una vez que la contaminación espiritual fuera puesta en marcha en Israel, sería tan penetrante que contagiaría por generaciones de hijos, nietos y bisnietos. La historia subsecuente de Israel demostró la verdad de esta advertencia. El pecado engendra más pecado, y el efecto penetrante del mal ejemplo de un padre a menudo pasa por generaciones.

Pero Dios no está diciendo que culpa a los hijos por los pecados de sus padres. Las *consecuencias* (no la *culpa*) del pecado alcanzan a los hijos. Es más, el ciclo de idolatría y sus consecuencias puede ser roto cuando una generación más joven se vuelve a Dios con fe y arrepentimiento. Advierta que Dios expresamente dice que visita las iniquidades de los padres «hasta la tercera y cuarta generación *de los que le aborrecen [a Dios]*». Cuando los hijos siguen los pecados de sus padres, las consecuencias perversas se multiplican a través de las generaciones. Pero cualquier *culpa* que los hijos puedan tener es su propia culpa por seguir en los pecados de sus padres. Observe que ninguna amenaza se da jamás contra los hijos que maduran para amar a Dios, dando a entender que *ellos* puedan ser visitados por los pecados de sus padres.

Así que Éxodo 20.5 no contradice a Ezequiel 18.20. Ambos pasajes son verdad. Cuando una generación peca y desobedece a Dios, generaciones subsiguientes pueden cosechar las consecuencias desastrosas de esto; y estas consecuencias se multiplican grandemente si siguen en los pecados de sus padres. Pero a los hijos no se les considera responsables por los pecados de sus padres.

Más bien, las Escrituras establecen que los bebés *no* tienen culpabilidad por los pecados de sus padres. Este hecho fue enunciado claramente por el Señor por medio de Moisés al decirles a los israelitas lo que les sucedería por su incredulidad y desobediencia poco después de cruzar el Mar Rojo. Permítame recordarle el trasfondo de la declaración de Dios a ellos.

Cuando los hijos de Israel salieron de Egipto, el plan de Dios era que entraran en la Tierra Prometida en cuestión de semanas. Los israelitas enviaron espías a la tierra, no obstante, con la excepción de Caleb y Josué, los espías informaron que era imposible que conquistaran la tierra. Con frutos en sus manos como evidencia, los espías informaron que la tierra era buena. Pero luego pasaron a informar que el pueblo allí era «mayor y más alto» y que las ciudades eran «grandes y amuralladas hasta el cielo» y ocupadas por gigantes. Diez de los espías estaban aterrados por la perspectiva de marchar en contra de esa gente, y los israelitas siguieron su dirección y se negaron a entrar en la tierra (Deuteronomio 1.19–33).

Dios se enojó con su pueblo. Había prometido ir delante de ellos, luchar por ellos y entregarles la tierra en sus manos, tal como soberanamente los había sacado de Egipto.

La incredulidad de ellos en la capacidad del Señor para hacer esto resultó en su juramento: «No verá hombre alguno de estos, de esta mala generación, la buena tierra que juré que había de dar a vuestros padres, excepto Caleb hijo de Jefone; él la verá, y a él le daré la tierra que pisó, y a sus hijos; porque ha seguido fielmente a Jehová». El Señor también dijo: «Josué hijo de Nun, el cual te sirve, él entrará allá; anímale, porque él la hará heredar a Israel» Luego concluyó: «Pero vosotros volveos e id al desierto, camino del Mar Rojo» (Deuteronomio 1.34–38, 40).

Sin embargo, el Señor declaró esto en cuanto a los infantes y niños: «Y vuestros niños, de los cuales dijisteis que servirían de botín, y vuestros hijos que no saben hoy lo bueno ni lo malo, ellos entrarán allá, y a ellos la daré, y ellos la heredarán» (Deuteronomio 1.39).

A los israelitas hijos de padres pecadores se les permitió entrar plenamente en la bendición que Dios tenía para su pueblo. No fueron considerados de ninguna manera como que tuvieran que rendir cuentas, que fueran responsables o castigables por los pecados de sus padres. ¿Por qué? Porque no tenían conocimiento del bien y del mal, de lo bueno y de lo malo.

En Ezequiel 18.20 el Señor dice: «El alma que pecare, esa morirá; el hijo no llevará el pecado del padre, ni el padre llevará el pecado del hijo; la justicia del justo será sobre él, y la impiedad del impío será sobre él».

Lo mismo es cierto hoy.

Un niño puede ser concebido fuera del matrimonio.

Una madre impía puede abortar un feto.

Un padre impío puede matar a golpes a un niño.

Pero ante Dios, ese niño no carga con la culpabilidad de los pecados de los padres.

A los niños se les consideró «inocentes» del pecado. *Ellos* no se habían rebelado; no tuvieron nada que ver con respecto a la rebelión e incredulidad de los israelitas. De una manera profunda, Dios bendijo la inocencia de ellos.

¿Qué pasa con todas las personas paganas?

Permítame hacer un aparte por un momento para cubrir una cuestión relativa a la inocencia de los niños paganos.

Es muy importante entender a estas alturas lo que *no* estoy diciendo. La inocencia se limita a los niños (y a los deficientes mentales) y no incluye a nadie más. Para ayudarle a ver que esta es una consideración limitada de parte de Dios, tengo que rechazar a los que quieren abrir esta puerta de inocencia, que Dios limita a esos valiosos «pequeñitos», para incluir a todos los adultos paganos que no tienen una comprensión bíblica del pecado y la justicia, del bien y del mal, de lo bueno y de lo malo. Esta no es una posición que pueda respaldarse con las Escrituras. De hecho, exactamente lo opuesto es verdad. El apóstol Pablo escribió en cuanto a este asunto en las declaraciones iniciales de su carta a los romanos:

> Porque no me avergüenzo del evangelio, porque es poder de Dios para salvación a todo aquel que cree; al judío primeramente, y también al griego. Porque en el evangelio la justicia de Dios se revela por fe y para fe, como está escrito: Mas el justo por la fe vivirá.

Porque la ira de Dios se revela desde el cielo contra toda impiedad e injusticia de los hombres que detienen con injusticia la verdad; porque lo que de Dios se conoce les es manifiesto, pues Dios se lo manifestó. Porque las cosas invisibles de él, su eterno poder y deidad, se hacen claramente visibles desde la creación del mundo, siendo entendidas por medio de las cosas hechas, de modo que no tienen excusa. Pues habiendo conocido a Dios, no le glorificaron como a Dios, ni le dieron gracias, sino que se envanecieron en sus razonamientos, y su necio corazón fue entenebrecido. Profesando ser sabios, se hicieron necios, y cambiaron la gloria del Dios incorruptible en semejanza de imagen de hombre corruptible, de aves, de cuadrúpedos y de reptiles.

Por lo cual también Dios los entregó a la inmundicia, en las concupiscencias de sus corazones, de modo que deshonraron entre sí sus propios cuerpos, ya que cambiaron la verdad de Dios por la mentira, honrando y dando culto a las criaturas antes que al Creador, el cual es bendito por los siglos. Amén.

Por esto Dios los entregó a pasiones vergonzosas; [...] Y como ellos no aprobaron tener en cuenta a Dios, Dios los entregó a una mente reprobada, para hacer cosas que no convienen; estando atestados de toda injusticia, fornicación, perversidad, avaricia, maldad; llenos de envidia, homicidios, contiendas, engaños y malignidades; murmuradores, detractores, aborrecedores de Dios, injuriosos, soberbios, altivos, inventores de males, desobedientes a los padres, necios, desleales, sin afecto natural, implacables, sin misericordia; quienes

habiendo entendido el juicio de Dios, que los que practican tales cosas son dignos de muerte, no sólo las
hacen, sino que también se complacen con los que las
practican.

Por lo cual eres inexcusable, oh hombre, quien-
quiera que seas tú que juzgas; pues en lo que juzgas a
otro, te condenas a ti mismo; porque tú que juzgas
haces lo mismo. (Romanos 1.16—2.1)

De acuerdo con ese pasaje, toda persona tiene un conocimiento innato y rudimentario de Dios. En lugar de responder
a ese conocimiento, las personas escogen seguir sus propias
imaginaciones, producir sus propios dioses y adorarlos en
lugar de adorar a su Creador. Los adultos paganos son responsables por seguir la verdad de Dios hasta una comprensión del
evangelio y responder con fe al mismo. El hecho de que no lo
hagan se les toma como un acto voluntario de rechazo o
rebelión. Son inexcusables debido a que son capaces de discernir entre el bien y el mal, y voluntariamente escogen el
mal. Por consiguiente, los adultos paganos que mueren son
culpables moralmente por su pecado de una manera que no
lo son los infantes que mueren.

Un entierro apropiado para el bebé
de Jeroboam

La verdad de que un bebé no es culpable por el pecado de los
padres también se muestra en la experiencia del rey Jeroboam
y su niño.

Jeroboam fue un rey perverso. Multiplicó los ídolos por toda la tierra y bajo su gobierno los sacerdotes de estos dioses falsos instituyeron el holocausto de niños como sacrificios. El Señor le dijo muy clara y directamente a Jeroboam mediante el profeta Ahías:

Hiciste lo malo sobre todos los que han sido antes de ti, pues fuiste y te hiciste dioses ajenos e imágenes de fundición para enojarme, y a mí me echaste tras tus espaldas; por tanto, he aquí que yo traigo mal sobre la casa de Jeroboam, y destruiré de Jeroboam todo varón, así el siervo como el libre en Israel; y barreré la posteridad de la casa de Jeroboam como se barre el estiércol, hasta que sea acabada. El que muera de los de Jeroboam en la ciudad, lo comerán los perros, y el que muera en el campo, lo comerán las aves del cielo; porque Jehová lo ha dicho. (1 Reyes 14.9–11)

Dios sentenció a muerte a todos los herederos y parientes de Jeroboam. No solo eso, sino que también los sentenció a la peor muerte conocida en Israel en ese tiempo: una muerte sin entierro apropiado. La peor profanación posible era que el cadáver fuera despedazado por los animales salvajes y las aves de rapiña. El Señor dijo por su profeta que todos los parientes varones de Jeroboam serían barridos como estiércol, que los perros salvajes de la ciudad y los buitres del campo se comerían sus cadáveres donde cayeran. Excepto el de un heredero varón.

El hijo pequeño de Jeroboam fue librado de esta muerte horrible y espantosa. El Señor le dijo a Jeroboam: «Y tú levántate y vete a tu casa; y al poner tu pie en la ciudad, morirá el niño. Y todo Israel lo endechará, y le enterrarán; porque de los de Jeroboam, sólo él será sepultado, por cuanto se ha hallado en él alguna cosa buena delante de Jehová Dios de Israel, en la casa de Jeroboam» (1 Reyes 14.12–13).

El hijo infante de Jeroboam iba a morir junto con los demás herederos de él, pero su muerte no sería la misma. Moriría al parecer de una muerte natural al momento en que los pies de Jeroboam pisaran la ciudad. Se lloraría su muerte y se le daría una sepultura propia de un príncipe. El Señor destacó que en este pequeño «se ha hallado [...] alguna cosa buena delante de Jehová Dios de Israel».

Ese pequeño no tenía ningún mérito en sí mismo; no había hecho nada para merecer la etiqueta de «justo». Tampoco había hecho voluntariamente nada que mereciera la etiqueta de «impío». No se había rebelado contra el Señor Dios. No había participado en ninguna ceremonia a un dios falso. ¿Qué era esa «cosa buena» que se halló en él? Las Escrituras no lo dicen. Humildad de niño, tal vez. Quizá tenía una repulsión infantil a los rituales paganos. Fuera lo que fuera, no era nada que mereciera la salvación (Romanos 8.7–8); pero Dios, en su gracia, manifestó su favor sobre este niño y le preservó de la muerte deshonrosa que representaba el castigo divino contra los que habían participado voluntariamente en el pecado de Jeroboam. Como resultado, se le dio una muerte y sepultura honorables, y fue de inmediato a la presencia del Señor.

Misericordia para los bebés de los enemigos de Dios

La pregunta puede surgir entre los que están familiarizados con la Biblia: «¿Qué de la muerte por órdenes de Dios de los bebés de los enemigos? Después de todo, aunque el hijo de Jeroboam fue librado de la indignidad de que se lo comieran los carroñeros, aun así murió. Dios no libró su vida». De hecho, hay otros pasajes en la Biblia en los cuales Dios parece autorizar la muerte de infantes como parte de su castigo sobre una nación impía.

Por ejemplo, cuando Dios decretó el castigo sobre Babilonia, habló por el profeta Isaías: «Sus niños serán estrellados delante de ellos» (Isaías 13.16).

Cuando Dios llamó a que Asiria hiciera guerra de juicio contra Israel, dijo por el profeta Oseas:

Samaria será asolada, porque se rebeló contra su Dios; caerán a espada; sus niños serán estrellados, y sus mujeres encintas serán abiertas. (Oseas 13.16)

Lo mismo dijo de la guerra de Asiria contra Egipto:

Sin embargo ella fue llevada en cautiverio; también sus pequeños fueron estrellados en las encrucijadas de todas las calles. (Nahúm 3.10)

Los siguientes versículos de Salmos son asombrosos; hablan del *gozo* que sintieron los que mataron a los niños pequeños de los captores babilonios:

Hija de Babilonia la desolada,
Bienaventurado el que te diere el pago
De lo que tú nos hiciste.
Dichoso el que tomare y estrellare tus niños
Contra la peña. (Salmos 137.8–9)

La primera respuesta de muchos que leen estos versículos es retroceder espantados. Es doloroso y perturbador leer de pequeños siendo estrellados contra una peña, mucho menos que alguien sea bendecido por hacerlo. Sin embargo, estos pasajes son parte de la inspirada Palabra de Dios, así que debemos considerarlos. De modo que, ¿cómo podemos armonizar que Dios ama y tiene compasión de los inocentes que son suyos y al mismo tiempo aceptar el hecho de que Dios predice que los niños serán «estrellados contra la peña» como parte de la conquista de los que vienen contra su pueblo?

La única manera en que se pueden reconciliar estas dos perspectivas al parecer opuestas es esta: *los niños disfrutan de una mejor vida después de su muerte que la que tendrían si se les permitiera madurar hasta la adultez en esta tierra.* La muerte del inocente pagano parece ser desastrosa para los adultos que viven en esta tierra, pero desde el punto de vista de Dios, su muerte es una bendición. La vida que tendrán con él en la eternidad sobrepasa tanto cualquier bien que pudieran haber disfrutado aquí en esta tierra, que en realidad no hay comparación. Las Escrituras expresan con claridad esta creencia de un más allá glorioso para el pequeño que muere.

Una vida mejor que esta vida

Job sufrió una desesperación tan intensa que abrió su boca y «maldijo su día», el día en que nació. Dijo: «Perezca el día en que yo nací, y la noche en que se dijo: Varón es concebido. Sea aquel día sombrío, y no cuide de él Dios desde arriba, ni claridad sobre él resplandezca. Aféenlo tinieblas y sombra de muerte; repose sobre él nublado que lo haga horrible como día caliginoso» (Job 3.1–5).

Todo lo que podía haber ido mal, fue mal en la vida de Job. Su esposa le aconsejó que maldijera a Dios y se muriera. Job no le prestó atención. Las Escrituras nos dicen que «en todo esto no pecó Job con sus labios» (Job 2.9–10). Sin embargo, lo que sí hizo Job fue expresar cómo *se sentía* en el período que siguió a las tremendas pérdidas de su familia y posesiones, y al ser afligido en su persona de pies a cabeza con llagas dolorosas. Dijo:

> ¿Por qué no morí yo en la matriz,
> O expiré al salir del vientre?
> ¿Por qué me recibieron las rodillas?
> ¿Y a qué los pechos para que mamase?
> Pues ahora estaría yo muerto, y reposaría;
> Dormiría, y entonces tendría descanso,
> Con los reyes y con los consejeros de la tierra,
> Que reedifican para sí ruinas;
> O con los príncipes que poseían el oro,
> Que llenaban de plata sus casas.
> ¿Por qué no fui escondido como abortivo,
> Como los pequeñitos que nunca vieron la luz?

Allí los impíos dejan de perturbar,
Y allí descansan los de agotadas fuerzas.
Allí también reposan los cautivos;
No oyen la voz del capataz.
Allí están el chico y el grande,
Y el siervo libre de su señor. (Job 3.11–19)

¡Job describe un paraíso para el niño que nace muerto! Compara su vida de desdicha, tristeza y opresión con la del niño que nace muerto y concluye que al niño que nace muerto le va mejor. Tal pequeño está libre de todo conflicto, de todo tormento, todo dolor y sufrimiento, y toda esclavitud.

Job era el hombre más justo de la tierra en ese tiempo. Era hombre de Dios, con una teología y una fe sólidas. Job creía en la vida después de la muerte y expresó esa confianza cuando dijo: «Y después de deshecha esta mi piel, en mi carne he de ver a Dios; al cual veré por mí mismo, y mis ojos lo verán, y no otro» (Job 19.26–27). De modo que Job creía en la resurrección en la cual estaría en la presencia del Señor. Aquí indica que esa esperanza es válida para el niño que nace muerto. Job concluyó que hubiera sido mejor si él hubiera nacido muerto e ido directamente a la presencia del Señor para estar en el «reposo» de la vida venidera.

El niño que nace muerto vive con los que tenían sus fuerzas agotadas, fueron cautivos y estuvieron oprimidos. Job ciertamente no estaba describiendo el infierno, porque una de las características del infierno es que es un lugar sin reposo donde abunda la maldad. Job describe la vida en el más allá del que nace muerto como una vida de reposo que está libre de toda maldad.

El dolor y el sufrimiento de Job eran tan profundos que deseó que nunca hubiera llegado el día en que nació. Dijo: «¿Por qué no morí yo en la matriz, o expiré al salir del vientre?» (Job 3.11).

Luego expresó:

> ¿Por qué no fui escondido como abortivo,
> Como los pequeñitos que nunca vieron la luz?
> Allí los impíos dejan de perturbar,
> Y allí descansan los de agotadas fuerzas. (Job 3.16–17)

Job creía que estaría *mucho mejor* si hubiera sido abortado espontáneamente o hubiera muerto al nacer. Creía que si hubiera muerto antes de nacer, estaría disfrutando de una mejor vida que cualquier cosa que esta vida tenía para ofrecerle: vida en la presencia de su Redentor vivo (19.25).

Para cuando Job dijo esto, él había conocido los mejores tiempos. Como hombre intachable y piadoso, tenía siete hijos y tres hijas. Tenía miles de ovejas, camellos, bueyes y burros. Tenía una vasta cantidad de posesiones y criados. Dios había bendecido el «trabajo de sus manos» de muchas maneras. (Ver Job 1.1–3, 10.)

Job también había conocido los peores tiempos. Se habían robado sus rebaños y hatos, y una malvada banda de ladrones había matado a sus criados. Todos sus hijos e hijas habían muerto bajo un techo que cayó sobre ellos. Le había salido una sarna dolorosa «desde la planta del pie hasta la coronilla de la cabeza» (Job 2.7).

Job sabía que la vida, incluso una vida buena y plena, siempre va marcada por cierto grado de problemas, decisiones difíciles, conflictos de personalidad, desastres naturales, luchas por poder, dolor por sufrimiento, y subidas y bajadas varias. Sin embargo, morir como infante sería no experimentar nada sino «reposo»; una vida sin marcas y sin manchas de ninguna punzada de desdicha, amargura, dificultad, opresión o esclavitud. Job dijo que en el paraíso venidero hay solo libertad, gozo y «paz» (Job 3.18–26).

En sus escritos, el rey Salomón se hace eco de esta comprensión de que el niño que nace muerto o muere por un aborto espontáneo disfruta de reposo en el paraíso:

> Aunque el hombre engendrare cien hijos, y viviere muchos años, y los días de su edad fueren numerosos; si su alma no se sació del bien, y también careció de sepultura, yo digo que un abortivo es mejor que él. Porque éste en vano viene, y a las tinieblas va, y con tinieblas su nombre es cubierto. Además, no ha visto el sol, ni lo ha conocido; más reposo tiene éste que aquél. Porque si aquél viviere mil años dos veces, sin gustar del bien. (Eclesiastés 6.3–6)

En esencia, Salomón dijo que el niño que nace muerto tiene una existencia mucho mejor que la de una persona de larga vida, a menos que esa persona madura tenga un alma que conoce y disfruta de la bondad de Dios.

Tanto en Job como en Eclesiastés la implicación es muy clara de que el bebé que atraviesa un aborto espontáneo o nace muerto entra en un estado de paz; una existencia mucho más preferida que una vida caracterizada por la maldad y los problemas en este mundo.

Esta creencia la han expresado a través de los siglos notables teólogos y escritores cristianos. John Newton (1725-1807), traficante de esclavos que llegó a ser ministro del evangelio y escribió el que tal vez es el himno más famoso de todos los tiempos: «Sublime gracia», estaba seguro de esta verdad. Les escribió a unos amigos íntimos cuyo hijo había muerto: «Espero que ambos se hayan reconciliado bien con la muerte de su hijo. No puedo lamentar la muerte de infantes. ¡De cuántas tormentas ellos en efecto escapan! Tampoco puedo dudar, a mi juicio privado, de que están incluidos en la elección de la gracia».[1]

¡Jesucristo consideraba en alta estima a los niños!

Si verdaderamente queremos saber cómo considera Dios a los niños, solo tenemos que mirar a Jesucristo.

Un día Jesús llamó a un niño pequeño, lo puso en medio de los discípulos, y entonces dijo: «De cierto os digo, que si no os volvéis y os hacéis como niños, no entraréis en el reino de los cielos. Así que, cualquiera que se humille como este niño, ése es el mayor en el reino de los cielos. Y cualquiera que reciba en mi nombre a un niño como este, a mí me recibe» (Mateo 18.3-5).

Jesús tenía gran estima por el estatus del niño. Veía en un niño el modelo de dependencia y confianza, la mente de inocencia y humildad. Veía a una persona con ganas de agradar y dar gracias, pronta para expresar amor, y rápida para recibir y obedecer lo que se le ordena y enseña. Utilizó a un niño como una analogía para enseñar a sus discípulos dependencia, confianza, humildad, afecto y obediencia. Un niño era su mejor ilustración del creyente redimido, que estaba en el reino de salvación.

También Jesús dijo: «Mirad que no menospreciéis a uno de estos pequeños; porque os digo que sus ángeles en los cielos ven siempre el rostro de mi Padre que está en los cielos» (Mateo 18.10). De muchas maneras Jesús asemejó el que lleguemos a ser creyentes con el hecho de que seamos como niños; nacer espiritualmente otra vez como nace un niño, desnudo y sin pretensiones, y totalmente vulnerable y dependiendo del Creador. Jesús jamás ridiculizó a una persona por clamar como niño al Padre celestial, o por desear ser protegido y amado por el Padre como el niño anhela ser protegido y amado. De hecho, por toda la Biblia nuestro Señor nos invita a ponernos como niños bajo su tierno cuidado.

Jesús enseñó que debemos vigilar con cuidado especial a los que son «niños» espirituales en medio nuestro; de la misma manera que cuidaríamos a nuestros niños físicos. Si se descarrían, debemos ir a buscarlos. Si pierden su camino, debemos buscarlos y traerlos de vuelta al redil. Ningún padre con seis hijos va a descubrir que uno de ellos falta en la mesa de la cena y despiadadamente decir: «Ah, bien, todavía nos quedan cinco». No. Buscará hasta que halle al hijo que falta. Debemos hacer lo mismo con los espiritualmente inmaduros que siguen el error.

Más tarde en la misma enseñanza, Jesús dijo esto: «Así, no es la voluntad de vuestro Padre que está en los cielos, que se pierda uno de estos pequeños» (Mateo 18.14). La analogía de esta declaración es inequívoca. Jesús estaba diciendo que

Dios no quiere que un niño espiritual perezca eternamente tal como tampoco Dios quiere que un niño natural perezca eternamente. La enseñanza espiritual es posible solo debido a la verdad subyacente de la enseñanza «natural». La analogía funciona, y lo hace perfectamente, solo porque la premisa subyacente es que Dios protege y preserva a los pequeños que entran a su presencia. Por consiguiente, debemos con diligencia proteger y preservar a los que espiritualmente entran en el reino como niños.

Jesús repitió esta enseñanza en otra ocasión cuando estaba rodeado de una gran multitud que le seguía y que él había sanado. Algunos de la multitud empezaron a traerle a sus hijos a Jesús para que pusiera sus manos sobre ellos y orara por ellos. Los discípulos reprendieron a estos padres, pensando que los niños no merecían la misma atención y consideración que Jesús les había estado dando a los adultos, y especialmente a los adultos con grandes necesidades. Jesús a su vez reprendió a los discípulos por alejar a los niños. Dijo: «Dejad a los niños venir a mí, y no se lo impidáis; porque de los tales es el reino de los cielos» (Mateo 19.14; Marcos 10.14; Lucas 18.16).

Tal vez diga: «Pero Jesús estaba simplemente usando a los niños como una analogía para la forma en que los adultos se convierten y llegan a ser parte del reino de Dios». Permítame señalarle que una analogía funciona ¡solo si está enraizada en la verdad! Si los niños no son recibidos pronta y completamente en el reino de los cielos, la analogía a la conversión espiritual sería muy pobre. Tal como es, ¡la analogía es grandiosa! Los niños son prontamente aceptados en el reino, y debido a eso, somos sabios al volvernos como niños en esta dependencia espiritual en el Señor a fin de que nosotros también podamos ser prontamente aceptados.

En la versión de este incidente que anota el Evangelio de Marcos, leemos que Jesús instruyó a sus discípulos: «Dejad a los niños venir a mí, y no se lo impidáis; porque de los tales es el reino de Dios» (Marcos 10.14). Jesús entonces tomó a los niños en sus brazos, puso las manos sobre ellos y los bendijo (Marcos 10.16). No sé de ningún otro lugar en el Nuevo Testamento donde Jesús bendiga a «no creyentes». No hay ningún lugar en el cual Jesús bendiga a los «malditos» o a los «condenados», o que indiscriminadamente bendiga a los que pueden ser algún tipo híbrido extraño de bien y mal. Estos niños que Jesús tenía en sus brazos eran niños reales y de ellos dijo: «de los tales es el reino de Dios» (Marcos 10.14). Jesús bendijo a los que tenía en sus brazos porque, desde la perspectiva del cielo, se los contaba entre los justos benditos cuyo hogar legítimo y eterno es el cielo.

Los discípulos se equivocaron totalmente al dar por sentado que el reino celestial no es de los niños. La verdad es exactamente lo opuesto: el cielo está bien poblado de niños que murieron en el vientre, al nacer, poco después de nacer, en su tierna infancia o aquellos que nunca se desarrollaron más allá de la capacidad mental de los niños.

Juan Calvino escribió una vez un comentario sobre este pasaje bíblico: «Aquellos niños todavía no tenían ningún entendimiento como para desear la bendición de Jesús, pero cuando les fueron presentados a él, con gentileza y amabilidad los recibió, y los dedicó al Padre por un solemne acto de bendición». Calvino luego dice: «Sería demasiado cruel» excluir esa edad de la gracia de la redención. Luego escribió que es presuntuoso y sacrílego (audacia irreligiosa) alejar del rebaño de Cristo a aquellos a quienes él atesora en su seno, y cerrar la puerta, y excluir como extraños a aquellos a quienes él no desea que se les impida venir a él.[2]

Charles Hodge, el gran predicador presbiteriano del siglo XIX, escribió: «Él nos dice: "de los tales es el reino de Dios", como si el cielo estuviera en gran medida compuesto de las almas de los infantes redimidos».

Calvino y Hodge, por supuesto, no son únicos en su interpretación de este pasaje. Los comentarios aquí reflejan lo que muchos respetados maestros de las palabras de Cristo han escrito a través de los siglos. Jesucristo claramente veía a los niños inocentes siendo abierta y amorosamente aceptados por su Padre celestial.

La tierna y amorosa estima de Dios por los niños

¡Cuán bendecidos somos al saber por la Biblia la estima y el afecto que Dios el Padre tiene por los niños! Al pensar en un niño precioso que ha muerto, apóyese en estas verdades:

1. Dios reclama propiedad de los pequeños de toda cultura, tribu, nación y pueblo.
2. Dios siempre muestra compasión por los que él considera sus inocentes.
3. En ciertas circunstancias, la compasión de Dios por sus inocentes se expresa mediante la muerte y la ida de ellos a morar con él en la eternidad, en lugar de

permitir que continúen viviendo en esta tierra y tal vez acaben en el castigo eterno.

4. Todos los niños que mueren viven en la presencia del Señor por toda la eternidad. ¡Son bendecidos para siempre al morir!

¿Y si mi niño no está entre los elegidos?

SEIS PALABRAS CAMBIARON LA VIDA DE PAULETTE PARA SIEMPRE. Su hijo de doce años, Roger, entró corriendo por la puerta trasera a la cocina donde ella estaba lavando platos y gritó: «¡Pedro se cayó en el pozo!».

Paulette ni siquiera se detuvo a secarse las manos. A la carrera salió detrás de su hijo, gritándole a su hija Maggie: «Ve a llamar a tu padre. Él está en la finca».

Mientras corría al pozo, Paulette se percató de que estaba diciendo las mismas palabras vez tras vez: «No... no... no. No otra vez. No... no... no. No otra vez».

Había sido tres años atrás cuando ella y su familia se tomaron un día libre de sus tareas agrícolas que les ocupaban dieciocho horas al día, casi todos los días del año. Habían ido al arroyo Spruce a pasear y pescar. El arroyo Spruce quedaba montaña arriba como a una hora de distancia. En ocasiones el riachuelo de montaña parecía rebosar de truchas. Se había corrido la voz de que esta era una de esas ocasiones, así que Paulette y su esposo, George, prepararon una gran canasta para paseos campestres, embutieron a su familia de tres hijos y dos hijas en la vieja camioneta y se dirigieron a las colinas. George esperaba tener una buena cena de pescado frito para la familia al fin del día.

Con certeza, los peces picaban. Dos de los muchachos, Roger y Bill, habían dejado al resto de la familia y se fueron a poca distancia río arriba. «Tengan cuidado», les dijo Paulette. «Algunas de las piedras son resbalosas. ¡Y que no los pierda de vista!».

Los muchachos hicieron tal como les dijo y por entre los matorrales Paulette podía verlos, a unos quince metros de distancia, echando sus cañas de pescar al arroyo. Ocasionalmente oía sus gritos de alegría cuando sacaban un pez del agua.

De acuerdo con Roger, que tenía nueve años entonces, fue una roca resbaladiza la que empezó el desastre. Billy, de siete años, decidió que quería tratar de pescar desde el otro lado del arroyo. Al cruzar el arroyo sobre un tronco que había caído allí, se resbaló y cayó al agua. Su pie izquierdo quedó atrapado entre dos piedras. Con gran esfuerzo pudo mantener su cabeza por encima del agua mientras llamaba a su hermano pidiendo ayuda y trataba de sacar su pie de entre las piedras. Roger vio lo que sucedía y de inmediato se metió al agua para ayudarlo. En algo así como un minuto, el pie de Billy quedó libre, pero en el proceso de los tirones y esfuerzos de los dos muchachos tratando de mover las piedras, dos piedras bastante grandes se desprendieron del lecho del arroyo. Pareció como que una de ellas salía a la superficie, y golpeó a Billy en la cabeza. Billy cayó de nuevo al agua y su cuerpo empezó a dar volteretas sin control río abajo, atrapado en la veloz corriente de esa parte del riachuelo. Su cabeza se golpeó contra otras piedras varias veces quedando inconsciente mientras el río lo arrastraba. Roger gritaba pidiendo ayuda y siguiéndolo por la orilla del arroyo lo mejor que podía. George subió corriente arriba al sitio del accidente, y él y Roger a la larga pudieron sacar del río el cuerpo de Billy. No había señales de vida.

Todo el incidente había ocurrido en menos de cinco minutos. Sus vidas, sin embargo, fueron cambiadas para siempre.

Lo que había sido un paseo campestre despreocupado y lleno de risas de una familia feliz, se convirtió en el día más oscuro en la vida de Paulette. Los otros hijos, Pedro (entonces solo de tres años) y las gemelas, Maggie y Maddie (de cinco años), no podían entender por qué su hermano mayor Billy no se movía mientras estaba en los brazos de su madre en la parte trasera de la camioneta. George condujo como un loco bajando por la montaña hacia el hospital, esperando contra toda esperanza que Billy pudiera ser de alguna manera revivido por algún milagro de la ciencia médica. Paulette abrazaba el cuerpo de su joven hijo, llorando en silencio con un conocimiento íntimo en su corazón de que su hijo había dejado este mundo para siempre.

Ahora Paulette oía de nuevo el grito frenético de Roger pidiendo ayuda. Llegó al pozo y rápidamente se dio cuenta de que la cubierta de madera estaba podrida por completo.

No le llevó mucho tiempo imaginarse que Pedro se había subido para desenredar la cuerda y el balde que colgaban encima del pozo; posiblemente estaba tratando de «ayudar» llevando agua a la cocina. Probablemente había brincado para alcanzar el balde y cuando cayó, los tableros podridos cedieron bajo su peso. La madre rápidamente empezó a quitar el resto de los tablones de la cubierta y llamó dentro del pozo. No hubo ningún sonido desde la oscuridad abajo.

El médico le dijo más tarde que Pedro nunca supo lo que había sucedido. Los desgarrones en la cabeza indicaban que se la había golpeado muy fuerte contra los tablones y después contra las piedras de la pared del pozo al caer hasta el agua. No había ocurrido ninguna lucha una vez que cayó al agua. «Muerte accidental por ahogamiento», fue el dictamen del forense; la misma frase que había usado para describir la muerte de Billy tres años antes.

Por días, Paulette se quedó sentada en la gran mecedora de la sala, sosteniendo en brazos a su pequeño Eddie, que tenía solo ocho meses. Ocasionalmente se movía para ayudar a atender a su hija Annie, que ya tenía tres años. Vez tras vez pensaba: *¿Voy a perder a otro hijo?* El terror y el temor eran casi abrumadores a veces.

En otras ocasiones, lloraba por la aflicción... y la culpa: «¿Qué clase de mujer da a luz a siete hijos y pierde a dos de ellos por accidentes donde se ahogaron?». Una y otra vez volvía a reproducir mentalmente las dos experiencias, preguntándose, e incluso reprochándose a sí misma y echándose la culpa con preguntas como: «¿Y si yo hubiera insistido en que los muchachos no se fueran corriente arriba para pescar?».

«¿Y si les hubiera dicho que no cruzaran el riachuelo?». «¿Y si yo hubiera puesto una tapa diferente sobre el pozo?». «¿Y si yo no hubiera permitido que Pedro saliera a "jugar" esa tarde?». Incluso llegó al punto de cuestionar si había hecho bien al casarse con un agricultor en lugar de con el muchacho de la ciudad que había querido cortejarla.

Un día el pastor vino a visitarla y Paulette le dijo que pensaba que no había sido una buena madre. El pastor le aseguró repetidas veces que era una de las mejores madres que había conocido. Cuando le pareció que no lograba convencerla, finalmente le dijo: «Paulette, si estás decidida a verte como una madre mala, permíteme preguntarte: ¿qué vas a hacer en cuanto a eso de ser una madre mala?».

«¿Qué puedo hacer?», preguntó Paulette.

«Pues bien, podrías orar y pedirle a Dios que te perdone por lo que sea que tú pienses que pudieras haber hecho mal en el pasado».

Paulette medio esbozó una sonrisa y dijo: «¡Eso es lo que debo hacer! ¿Podría orar conmigo?». Y allí mismo en la sala de Paulette oraron. Ella se levantó de aquella mecedora y rara vez volvió a ella en los siguientes veinte años.

Solo una vez más Paulette trajo a colación de nuevo estos incidentes dolorosamente tristes, y fue el día que sin quererlo oyó a dos mujeres hablando en la cocina de la iglesia. No tenían ni idea de que ella se encontraba en la otra habitación, mientras la puerta estaba abierta, cuando una de ellas dijo algo como esto: «No todo niño es parte de los elegidos, por supuesto. Solo piensa en los muchachos Williams. Dios hizo que murieran cuando Billy tenía solo siete años y Pedro solamente seis. Nunca tuvieron la oportunidad de recibir a Cristo como su Salvador».

«Pero ¿piensas que se fueron al infierno?», preguntó la otra mujer.

«¿A dónde más pudieran haber ido?», dijo la primera mujer.

Paulette quedó demasiado aturdida como para entrar a la cocina y confrontar a las mujeres. Más bien salió corriendo, con apuro reunió a sus hijos, buscó a George, e insistió en que se fueran a casa lo más rápido posible. Buscó pretextos para no ir a la iglesia los próximos domingos.

Echándola de menos, el pastor nuevamente fue a la granja y cuando le preguntó a Paulette por qué no había ido a la iglesia por tres semanas, ella le contó lo que había oído.

«¿Dónde piensa que están sus hijos?», le preguntó el pastor.

«Están en el cielo con Cristo», dijo Paulette sin titubear ni un instante. «No simplemente lo pienso. Lo sé». Señalando su corazón añadió: «Lo sé».

El pastor dijo: «Allí es donde yo también pienso que están sus hijos».

Lo que el pastor no le contó a Paulette fue que durante todo el camino de regreso a la ciudad, él había tenido una conversación muy tensa con Dios, pidiéndole que le mostrara si lo que le había dicho a Paulette era realmente la verdad. ¿Dónde Dios respondería a esta oración? Como hemos visto, en las Escrituras. ¿Cuántos pastores han dicho lo que era «sentimentalmente necesario», solo para más tarde preguntarse si era verdad? Era lo que la madre afligida quería oír, pero ¿era lo que Dios quería que se dijera? Felizmente, el siervo de Dios que conoce íntimamente al Señor, en quien mora el Espíritu del Señor, está en contacto con la compasión del Señor; así que, de hecho, lo que parece por instinto verdad está en perfecta armonía con la Palabra de Dios.

Respuestas al corazón que pregunta

La experiencia de Paulette señala una serie de preguntas que son la esencia de por qué los infantes de inmediato hallan seguridad en los brazos de Dios.

Algunos dividen a los infantes entre escogidos y no escogidos debido a que tratan de atestiguar la doctrina bíblica clara e innegable de la elección divina; es decir, que Dios escoge quién será salvo del pecado y del infierno y vivirá para siempre en el cielo. La Biblia claramente enseña que Dios escoge a las personas para salvación desde la eternidad pasada, y que la salvación de los que él escoge es por gracia y solo por gracia. Nadie, por consiguiente, que es salvo por fe viene por algún otro medio que no sea la elección de Dios de acuerdo con su gracia:

> Bendito sea el Dios y Padre de nuestro Señor Jesucristo, que nos bendijo con toda bendición espiritual en los lugares celestiales en Cristo, según nos escogió en él antes de la fundación del mundo, para que fuésemos santos y sin mancha delante de él, en amor habiéndonos predestinado para ser adoptados hijos suyos por medio de Jesucristo, según el puro afecto de su voluntad, para alabanza de la gloria de su gracia,

con la cual nos hizo aceptos en el Amado. (Efesios 1.3–6)

¿Hay base bíblica para creer que Dios escoge para el cielo a todas las personas que mueren en la infancia? Yo creo que sí la hay.

Confío en que usted seguirá muy de cerca y con cuidado la evidencia bíblica que se presenta en las próximas páginas. Muchos reciben pronta seguridad y consuelo temporal con la declaración: «Tu bebé está en el cielo». Otros no. Una explicación de *por qué* esto es verdad es esencial para ellos y, a la larga, incluso para los que son superficialmente consolados. Para todos, ofrezco lo siguiente.

Verdad bíblica #1: todos los niños son concebidos y nacen como pecadores. Si vamos a tratar verdaderamente con la cuestión de quién es «elegido» y quién no lo es, debemos empezar con el hecho de que todas las personas son concebidas y nacen pecadoras. Sé que esto es una cosa difícil de enfrentar en un tiempo de aflicción por la pérdida de un ser querido, pero no podemos ignorarla.

Hay una creencia ampliamente extendida, aunque fue condenada como herejía hace mil seiscientos años, de que todas las personas nacen *sin* pecado. Esta noción dice que toda alma nace como una pizarra moralmente limpia, y que el pecado echa raíces en la vida de la persona solo cuando ella o él participan por primera vez en un pecado voluntario. Los que apoyan esta creencia afirman que puesto que un niño pequeño no puede tomar una decisión voluntaria para pecar, el niño que muere antes de pecar es un candidato automático para el cielo. En esencia, el niño sin pecado va a una eternidad sin pecado.

Todo concilio eclesiástico que se ha reunido para considerar la cuestión ha condenado rotundamente esta creencia. No obstante, dicha creencia continúa sobreviviendo hoy en algunos círculos.

La Biblia establece con absoluta claridad que todos los niños nacen pecadores y lo son desde su concepción. El principio de iniquidad está incorporado en el corazón de cada ser humano. Cada persona nace moralmente corrupta y con una inclinación irresistible al mal. Cualquier noción de que un niño nace moralmente neutral, o que el bebé nace sin una predisposición a pecar, es contraria a la Biblia. Cuando las Escrituras se refieren a los infantes como «inocentes», no quiere decir que no están contaminados por la caída o culpa que todos heredamos desde Adán (Romanos 5.1–19).

Si los infantes no fueran pecadores o corruptos moralmente, ¡no morirían jamás! Si los niños nacieran sin pecado o depravación, no habría razón para su muerte. La Biblia dice con toda claridad: «Porque la paga del *pecado* es muerte, mas la dádiva de Dios es vida eterna» (Romanos 6.23, énfasis añadido). El pecado es el que mata, el destructor de la vida. El mismo hecho de que los bebés mueren es evidencia de la verdad de que el pecado está presente en ellos; la enfermedad de una naturaleza pecadora heredada lleva en sí la semilla de la muerte.

Es más, ¿conoce a algún adulto, aparte de Jesucristo, que alguna vez escogió *no* pecar en algún momento muy temprano en su vida? ¡Tal persona jamás ha caminado en esta tierra! Todo ser humano tiene una propensión automática o «inclinación» a rebelarse contra Dios de la misma manera en que

Adán y Eva se rebelaron contra él. El espíritu de rebelión reside en todo ser humano; más insolente y abiertamente en algunos, más sutil en otros, pero reside en todos.

Cualquier niño que viva hasta el punto de tomar una decisión moral responsable tomará la decisión de pecar. Esta es su naturaleza.

Numerosos pasajes de la Biblia subrayan esta verdad:

- Si pecaren contra ti (porque no hay hombre que no peque). (1 Reyes 8.46)
- He aquí, en maldad he sido formado, y en pecado me concibió mi madre. (Salmos 51.5)
- Se apartaron los impíos desde la matriz; se descarriaron hablando mentira desde que nacieron. (Salmos 58.3)
- No se justificará delante de ti ningún ser humano. (Salmos 143.2)
- ¿Quién podrá decir: Yo he limpiado mi corazón, limpio estoy de mi pecado? (Proverbios 20.9)
- Ciertamente no hay hombre justo en la tierra, que haga el bien y nunca peque. (Eclesiastés 7.20)
- Engañoso es el corazón más que todas las cosas, y perverso; ¿quién lo conocerá? (Jeremías 17.9)
- No hay justo, ni aun uno; no hay quien entienda, no hay quien busque a Dios. Todos se desviaron, a una se hicieron inútiles; no hay quien haga lo bueno, no hay ni siquiera uno. (Romanos 3.10–12)
- Todos nosotros [...] éramos por naturaleza hijos de ira. (Efesios 2.3)
- Te llamé rebelde desde el vientre. (Isaías 48.8)

- Porque el intento del corazón del hombre es malo desde su juventud. (Génesis 8.21)

Las Escrituras declaran la pecaminosidad de la humanidad. La Biblia claramente establece que fuimos concebidos «en pecado» (Salmos 51.5). Así que todos llevamos la mancha del pecado original. Somos pecadores de nacimiento. Cuando David escribió «en pecado me concibió mi madre», eso es lo que quería decir. No estaba indicando que hubiera algo pecaminoso en el alumbramiento mismo. Tampoco el pecado es incorporado en el niño de acuerdo con los hechos físicos o sexuales que rodean la concepción de ese niño. Ambos padres pueden haber sido pecadores descarados, y pueden haber pecado al tener una relación sexual que resultó en una concepción, pero ese no es el pecado que mancha al niño. Si así fuera, los niños que les nacieran a padres justos, casados, serían sin pecado; y ese no es el caso para nada. Más bien, la Biblia declara que todos somos pecadores desde la concepción y el nacimiento porque nuestra *naturaleza* como seres humanos es ser pecadores. Nuestra naturaleza del pecado es resultado de la caída en el huerto de Edén. Somos herederos de la naturaleza pecadora que adquirieron nuestros primeros antepasados, Adán y Eva.

La pecaminosidad no es una condición que les viene a las personas cuando tienen edad suficiente como para tomar decisiones por cuenta propia. Es una condición que está presente en todo ser humano desde antes del nacimiento. Es lo que produce nuestras decisiones pecaminosas. Toda concepción da lugar a una vida pecadora. Toda persona que ha nacido desde Adán y Eva llega a esta tierra en un estado de pecado. El apóstol Pablo escribió: «Por la desobediencia de un hombre los muchos fueron constituidos pecadores» (Romanos 5.19).

Debido a que nacemos pecadores, cada uno de nosotros tiene que «nacer de nuevo» si quiere disfrutar de una condición nueva en la naturaleza espiritual. Pablo también escribió: «Para que así como el pecado reinó para muerte, así también la gracia reine por la justicia para vida eterna mediante Jesucristo, Señor nuestro» (Romanos 5.21). Si no naciéramos pecadores, no necesitaríamos salvación. Sin embargo, la verdad es que «todos pecaron, y están destituidos de la gloria de Dios», y por consiguiente, todos necesitamos ser «justificados gratuitamente por su gracia, mediante la redención que es en Cristo Jesús» (Romanos 3.23–24).

Todo niño es concebido llevando el virus mortal del «pecado». Nace con motivos, ambiciones, actitudes, deseos y objetivos corruptos latentes en su corazón.

Así que no podemos decir que los bebés que mueren van al cielo debido a que son «sin pecado». Más bien, los pequeños que mueren van al cielo debido a la gracia de Dios.

Verdad bíblica #2: la salvación de toda persona es asunto de la gracia de Dios, no de las obras del ser humano. No es fácil pensar en los bebés como pecadores, pero es la verdad. No obstante, la buena noticia es que los pequeños que mueren son salvos. Y lo son por el único medio por el que cualquier persona es salva: *la gracia de Dios.*

Permítame señalar que hay unos cuantos dirigentes de las iglesias que opinan que los seres humanos deben *hacer* ciertas cosas para asegurar la salvación de los bebés. Ninguna de esas posiciones está de acuerdo con la verdad de la Palabra de Dios. Voy a considerarlas brevemente porque usted, como padre o pariente afligido por el duelo, puede encontrarse con ellas.

Algunos en la historia de la iglesia han sostenido la posición de que los infantes tendrán una oportunidad de ir a Cristo *después de la muerte*. Esta opinión en realidad está creciendo entre muchos teólogos contemporáneos, que aducen que todas las personas, independientemente de la edad que tengan al morir, tendrán una oportunidad después de la muerte de confesar a Cristo como Salvador. Aunque esto les pudiera parece un pensamiento más consolador a algunos, el problema con semejante posición es que no hay absolutamente ninguna base en las Escrituras para creer tal cosa. De acuerdo con Hebreos 9.27: «Está establecido para los hombres que mueran una sola vez, y después de esto el juicio». La idea de una segunda oportunidad después de la muerte es producto de la imaginación de algunos, como la idea medieval de que los niños que morían volvían como luciérnagas.

Otros alegan que los bebés son salvados si están *bautizados*. Los que sostienen esta opinión creen que Dios extiende gracia a los bebés, pero solo a los *bautizados*. El catecismo de una denominación dice esto respecto al bautismo infantil: «El bautismo obra perdón de pecados, libra de la muerte y del diablo, y da salvación eterna a todos los que creen como lo declara la palabra de la promesa de Dios».

Uno de los maestros de la iglesia primitiva creía que los infantes bautizados iban al cielo, en tanto que los infantes no bautizados no iban allá, aunque declaró que los infantes no bautizados recibían inmunidad de los *dolores* del infierno. La verdad es que el bautismo no puede salvar a nadie. Es una ordenanza que se presenta con claridad en las Escrituras como un acto de testimonio obediente para los que por su propia voluntad creen en el evangelio, lo cual es imposible que hagan los infantes.

La Confesión Luterana de Augsburgo dice en cuanto al bautismo: «Los luteranos enseñan que [el bautismo] es necesario para la salvación, y que por el bautismo se ofrece la gracia de Dios, y que hay que bautizar a los niños, quienes siendo ofrecidos a Dios por el bautismo son recibidos en el favor de Dios». Esta noción la sostienen los católicos romanos, los anglicanos, los episcopales y algunos grupos reformados. El Concilio de Trento, en el año 1563, basó la salvación de los infantes en el bautismo católico romano. En 1951, el papa Pío XII enseñó que «ninguna otra manera aparte del bautismo se ve como impartiendo la vida de Cristo a los niños pequeños». El nuevo catecismo católico romano enseña que «por el bautismo cristiano uno entra en el reino de Dios y en la esfera de la obra salvadora de Cristo».

La verdad es que en las Escrituras no hay ningún ejemplo de bautismo de infantes y, por consiguiente, ningún comentario en cuanto a lo que eso pudiera lograr. Con todo, para muchos, los niños bautizados son salvos, y los no bautizados, no.

Esto, por supuesto, hace de la salvación un acto de «obras»; la obra del bautismo, no de la gracia. No hay mérito para la gracia de Dios en tal punto de vista. Tampoco, de acuerdo con los que sostienen esta opinión, puede extenderse algún medio de salvación al alma del niño nonato que muere por un aborto espontáneo o provocado.

Otros aducen que debido a que todos los pequeños nacen pecadores por naturaleza, y no tienen oportunidad de creer en Jesucristo, de arrepentirse o de clamar misericordia de Dios, todos están condenados al infierno. He oído este argumento con más frecuencia en años recientes.

La lógica detrás de este argumento es esta: todos los bebés son pecadores, todos los pecadores merecen el infierno; por consiguiente, todos los bebés que mueren en su estado de pecado van al infierno.

La gente una vez acusó al famoso teólogo y predicador calvinista Charles Spurgeon de sostener una teología que condenaba a los infantes al infierno. Spurgeon respondió diciendo:

Entre las grotescas falsedades que se han lanzado contra los calvinistas propiamente está la perversa calumnia de que sustentamos *la condenación de los infantes*. Nunca se ha pronunciado una mentira más vil. Puede haber existido en alguna parte, en algún rincón de la tierra, un rufián que se atreviera a decir que hay pequeños en el infierno, pero yo nunca he conocido al tal, ni he conocido a un hombre que jamás haya visto a tal persona.

Afirmamos respecto a los infantes que las Escrituras apenas dicen muy poco y por consiguiente, donde las Escrituras son confesadamente escasas, no le toca a ningún hombre determinarlo de forma dogmática. Pero pienso que hablo por todo el cuerpo o con extremadamente pocas excepciones, y ellas desconocidas para mí, cuando digo que sustentamos que todos los infantes [que mueren] son elegidos de Dios y por consiguiente salvos. Nosotros miramos esto como siendo el medio por el cual Cristo verá la aflicción de su alma hasta un alto grado y, en efecto, a veces esperamos que de esta manera la multitud de los salvos será más grande que la de los perdidos.

Sea cual sea la noción que nuestros amigos puedan sostener sobre el punto, no está necesariamente conectada con la doctrina calvinista. Creo que el Señor Jesús, que dijo que «de ellos es el reino de los cielos», recibe diaria y constantemente en sus brazos de amor a aquellos tiernos que son solo mostrados y luego arrebatados al cielo.[1]

Si se examina la literatura reformada por los últimos cuatrocientos años desde Calvino, se hallará que la vasta mayoría de los escritores afirma que los infantes que mueren son llevados al cielo.

Usted tal vez diga: «Pues bien, si Dios permite que todos los niños vayan al cielo, eso es simplemente gracia».

¡Exacto!

Los niños caídos, pecadores, culpables y depravados que mueren sin ningún mérito espiritual; ningún mérito personal, moral o religioso, son bien recibidos por Dios en la gloria. ¿En base a qué? ¡Solo por la *gracia* de Dios!

¿Cómo fue salvo usted o cualquier otra persona? ¿Por la ley? ¿O por la gracia? Ninguno de nosotros tiene más que hacer respecto a lograr nuestra propia salvación que el infante de menor edad y más impotente. Todos hemos sido salvos por *gracia*.

Jesús dijo: «De cierto os digo, que si no os volvéis y os hacéis como niños, no entraréis en el reino de los cielos» (Mateo 18.3). Ninguno de nosotros es capaz de salvar su propia alma. Debemos venir como niños pequeños, dependiendo totalmente de la gracia de Dios, a fin de recibir la dádiva de misericordia y perdón hecha posible por la muerte de Jesucristo.

El apóstol Pablo lo dice con toda claridad: «Porque por gracia sois salvos por medio de la fe; y esto no de vosotros, pues es don de Dios; no por obras, para que nadie se gloríe» (Efesios 2.8–9).

La salvación de toda persona es iniciada por Dios y es su decisión soberana, por gracia, absolutamente sin base en algún mérito del pecador en sí. Ninguno de nosotros merece la salvación; lo que quiere decir que no hay nada que podamos hacer para ganar, obtener, lograr o de alguna otra manera alcanzar la salvación basados en nuestro propio mérito, inteligencia, buenas obras, argumentación intelectual racional, afiliación religiosa o denominacional, o linaje familiar. No podemos hacer nada por ningún medio para salvarnos nosotros mismos. La salvación no tiene nada que ver con nuestra iniciativa o logro. La salvación es totalmente por gracia. No hay ninguna manifestación más clara de esta verdad que la dádiva de vida eterna dada al infante desvalido y perdido. La gracia salvadora dada a un infante que no tiene ninguna parte para nada en su salvación es un ejemplo perfecto de la salvación, que siempre es ejecución soberana de Dios por gracia.

Verdad bíblica #3: somos salvos por la obra sacrificial de Jesucristo en la cruz, manifestación suprema de la gracia de Dios.
Las preguntas surgen naturalmente: si los infantes son salvos

cuando mueren, ¿por qué *medios* son salvos? Si los adultos mentalmente discapacitados son salvos, ya que eran infantes en cuanto a entender las cuestiones relativas a la salvación, ¿por qué *medios* son ellos salvos?

La respuesta: por la obra sacrificial de Jesucristo. Nuestra salvación queda establecida por la elección de Dios de los pecadores para salvación *por medio de* Jesucristo. La Biblia enseña que Jesucristo es el único y suficiente Salvador. La salvación viene solo en base a la expiación de su sangre.

Dios ha escogido a los que serán salvos, incluso a los que mueren en la infancia. Son salvos no por su propia iniciativa, sino por la elección soberana de Dios, solo por gracia. Los infantes no tiene ningún mérito por el cual alguien pudiera jamás aducir que *merecen* el cielo. De hecho, debido a su culpa y corrupción, necesitan redención, pero su salvación la pagó el sacrificio sustituto de Jesucristo en la cruz, en la cual él llevó la ira de Dios no solamente por todos los creerían, sino también por los que *no* podrían creer.

B. B. Warfield, decisivo y respetado teólogo de Princeton, escribió una vez:

El destino de los infantes que mueren es determinado independientemente de su decisión, por un decreto incondicional de Dios, suspendido para su ejecución en ningún acto de parte de ellos. Y su salvación es ejecutada por una aplicación incondicional de la gracia de Cristo a sus almas, por la operación inmediata e irresistible del Espíritu Santo antes de y aparte de cualquier acción de la propia voluntad de ellos. Y si la muerte en la infancia depende de la providencia de

Dios, es certeramente Dios en su providencia quien selecciona esta vasta multitud para que sean participantes de su salvación incondicional. Esto no es sino decir que están predestinados incondicionalmente para la salvación desde la fundación del mundo.[2]

Si entendemos que Dios por su naturaleza es Salvador (ver 1 Timoteo 1.1; 4.10), ¿no es la expresión más verdadera del corazón de Dios que escoge salvar a los infantes? ¿Cómo pudiéramos creer que Dios llora por los perdidos y ruega a los que por su *libre albedrío* son pecadores que se reconcilien con él, si catapulta a millones de millones de niños inocentes al infierno antes de que incluso alcancen un estado de culpabilidad moral, antes de que tengan la capacidad de hacer alguna distinción moral entre el bien y el mal?

Verdad bíblica #4: somos salvos por gracia, pero «condenados» por obras. Es importante preguntar: ¿qué enseñan las Escrituras *en efecto* en cuanto a la condenación? Si una persona se salva por gracia, ¿cómo es que se condena una persona?

Apocalipsis 20.11–15 describe el juicio ante el gran trono blanco de Dios:

Y vi un gran trono blanco y al que estaba sentado en él, de delante del cual huyeron la tierra y el cielo, y ningún lugar se encontró para ellos. Y vi a los muertos, grandes y pequeños, de pie ante Dios; y los libros fueron abiertos, y otro libro fue abierto, el cual es el libro de la vida; y fueron juzgados los muertos por las cosas que estaban escritas en los libros, según sus obras. Y el mar entregó los muertos que había en él; y la muerte y el Hades entregaron los muertos que había en ellos; y fueron juzgados cada uno según sus obras. Y la muerte y el Hades fueron lanzados al lago de fuego. Esta es la muerte segunda. Y el que no se halló inscrito en el libro de la vida fue lanzado al lago de fuego.

Las Escrituras enseñan que somos *salvos* por gracia, pero somos *condenados* por las obras. La Biblia enseña que el castigo eterno es la paga debida para los que voluntariamente han pecado. En ninguna parte en la Biblia a alguien jamás se le amenaza con el infierno meramente por la culpa heredada de Adán. Más bien, donde quiera que las Escrituras describen a los habitantes del infierno, el énfasis recae sobre sus actos *voluntarios* de pecado y rebelión (1 Corintios 6.9–10; Gálatas 5.19–21; Efesios 5.5; Colosenses 3.6; Apocalipsis 21.8; 22.15). Las Escrituras siempre conectan la condenación eterna con las obras de injusticia, el pecado voluntario.

Sin rebelión voluntaria o incredulidad. La obra primordial del pecador es la incredulidad. Esta es la obra condenadora primordial. La Biblia nos dice: «El que cree en el Hijo tiene vida eterna; pero el que rehúsa creer en el Hijo no verá la vida, sino que la ira de Dios está sobre él» (Juan 3.36).

Jesús aclaró bien este punto cuando enseñó en el templo: «Yo me voy, y me buscaréis, pero en vuestro pecado moriréis; a donde yo voy, vosotros no podéis venir». Los dirigentes judíos presentes se preguntaron: «¿Acaso se matará a sí mismo, que dice: A donde yo voy, vosotros no podéis venir?». Jesús, sabiendo lo que se preguntaban, les dijo: «Vosotros sois de abajo, yo soy de arriba; vosotros sois de este mundo, yo no soy de este mundo. Por eso os dije que moriréis en vuestros pecados; porque *si no creéis que yo soy, en vuestros pecados moriréis*». (Juan 8.21–24, énfasis añadido)

En toda la historia de la iglesia, la incredulidad se ha destacado como el pecado condenador primordial. La persona que no cree, no obedece. La incredulidad siempre produce obras impías. Es este historial de incredulidad y obras perversas subsiguientes que es revelado en el juicio ante el gran trono blanco; este historial se vuelve la base de la condenación eterna.

Los niños pequeños no tienen tal historial. No tienen base para creer o no creer. No son capaces de discernir entre el bien y el mal, el pecado y la justicia, el mal y la bondad. Las Escrituras son muy claras en esta verdad. Los niños pequeños no tienen ningún historial de incredulidad u obras impías y, por consiguiente, no hay base para que merezcan una eternidad aparte de Dios. Como inocentes, Dios los salva por su gracia y de manera soberana como parte de la obra expiatoria de Cristo Jesús.

Tal como ya se mencionó previamente, después que los hijos de Israel se rebelaron contra Dios en el desierto, él sentenció a toda esa generación a morir en el desierto durante cuarenta años de peregrinaje. El Señor dijo: «No verá hombre alguno de estos, de esta mala generación, la buena tierra que juré que había de dar a vuestros padres» (Deuteronomio 1.35).

Pero Dios eximió de este decreto a los niños pequeños e infantes, y explicó por qué lo hacía: «Y vuestros niños, de los cuales dijisteis que servirían de botín, y vuestros hijos *que no saben hoy lo bueno ni lo malo*, ellos entrarán allá, y a ellos la daré, y ellos la heredarán» (Deuteronomio 1.39, énfasis añadido).

Esta incapacidad para distinguir entre el bien y el mal también fue el criterio para la inocencia en el relato de Jonás. Como ya se indicó antes, cuando Jonás se quejó a Dios en cuanto a librar a Nínive, la gran ciudad enemiga de Israel, el Señor respondió: «¿Y no tendré yo piedad de Nínive, aquella gran ciudad donde hay más de ciento veinte mil personas que no saben discernir entre su mano derecha y su mano izquierda?» (Jonás 4.11). El Señor se refería a librar a 120.000 *niños*, pequeños que no sabían discernir entre su mano derecha y su mano izquierda, mucho menos entre el bien y el mal.

Dios tuvo gran compasión para los que no eran capaces de comprender la verdad.

A los niños pequeños se les llama inocentes en las Escrituras precisamente por esta razón: no tienen rebelión voluntaria contra Dios. No tienen obras de incredulidad. Aun cuando puedan ser concedidos con una naturaleza pecadora, nunca han tenido una oportunidad voluntaria para ejercer esa naturaleza con plena comprensión o rebelión deliberada. Y por consiguiente, son inocentes de cualquier obra de incredulidad contra el Dios santo.

Cuando la gente dice: «Estos pequeños no son salvos porque no creyeron», mi respuesta es esta: «Ellos *no podían* creer. Ellos eran incapaces de tomar una decisión consciente, voluntaria, racional e intencional de creer».

Sin detener la verdad. Leemos en el Nuevo Testamento: «Porque la ira de Dios se revela desde el cielo contra toda impiedad e injusticia de los hombres que detienen con injusticia la verdad» (Romanos 1.18).

El castigo divino viene sobre los que *detienen la verdad*; que se alejan de y niegan el poder de la verdad de Dios en sus vidas y siguen las mentiras del diablo. Al suprimir la verdad y seguir las mentiras, se rinden a las tentaciones del diablo para hacer el mal, lo que puede tomar cualquier número de formas de rebelión e incredulidad.

El apóstol Pablo también les escribió a los romanos: «Pues habiendo conocido a Dios, no le glorificaron como a Dios, ni le dieron gracias, sino que se envanecieron en sus razonamientos, y su necio corazón fue entenebrecido» (Romanos 1.21).

Este capítulo fundamental de Romanos dice con toda claridad que Dios se revela a todas las personas en una medida suficiente para que su poder, su gobierno moral y algo de su gloria sean obvios; mediante la conciencia y mediante la luz de la naturaleza. Ninguna persona tiene una excusa aceptable para no percibir y entender los atributos invisibles de Dios. No obstante, los hombres y las mujeres pecadores escogen alejarse de Dios, que se ha revelado a sí mismo a ellos. No le glorifican. No le dan gracias ni alabanza. Vuelven sus pensamientos hacia adentro, alejándose de Dios, y al hacerlo sus corazones se entenebrecen. Piensan que son sabios, pero son necios. Empiezan a adorar la obra de sus manos y cuando eso sucede, Dios les permite que se revuelquen en su pecado y la lujuria de sus corazones. Dios entonces los entrega para que adoren a la criatura antes que al Creador.

Ningún infante detiene la verdad. Un niño pequeño no tiene capacidad para percibir lo que Dios ha revelado y hecho manifiesto y entonces rechazarlo. Los niños pequeños no «se envanecieron en sus razonamientos». No tienen conciencia de las cosas que Dios ha revelado y por consiguiente, no pueden ni clamar a Dios ni alejarse de él. Esto, como se ha visto, es lo que enseñan Jonás 4.11 y Deuteronomio 1.39.

Pablo escribe que debido a que las personas «no aprobaron tener en cuenta a Dios, Dios los entregó a una mente reprobada, para hacer cosas que no convienen». Luego pasa a enumerar una serie de conductas y actitudes pecaminosas, incluso el hecho de que son «aborrecedores de Dios». Esto ciertamente no describe a un niño pequeño, que no tiene capacidad todavía de manifestar aborrecimiento hacia Dios. Son esos que *saben* que están yendo contra el justo juicio de Dios los que «son dignos de muerte» (Romanos 1.28–32).

Un niño pequeño es verdaderamente incapaz de rebelarse contra Dios porque la rebelión contra Dios se arraiga en el aborrecimiento deliberado y voluntario contra él. Hablando mediante el profeta Isaías, el Señor dijo: «Porque antes que el niño sepa desechar lo malo y escoger lo bueno, la tierra de los dos reyes que tú temes será abandonada» (Isaías 7.16). El Señor se refería al estado de tierna infancia, tiempo cuando la persona es incapaz de tomar una decisión voluntaria de rebelarse contra Dios. No hay ninguna declaración en las Escrituras que indique que el castigo divino viene sobre los que nunca tienen el conocimiento del bien y del mal, o que nunca han tenido la oportunidad de escoger si van a amar o aborrecer a Dios.

Sin comprensión del efecto o las consecuencias del pecado. Los niños pueden ser egocéntricos y egoístas. Pueden hacer sus rabietas, llorar de rabia, robarse galletas, aporrear a sus hermanos en la cabeza o patear arena a las caras de sus amiguitos en el patio. Pueden desafiar a sus padres diciendo que «no» cuando la respuesta apropiada es un «sí» obediente. Pueden mentir para cubrir sus trastadas.

Con certeza tenemos razón al evaluar que todas estas acciones son malas, incluso pecado.

Pero el *niño* no puede evaluar en su propio corazón que sus acciones infringen a Dios o que hay un concepto tal como pecado contra Dios y su ley santa. El niño o niña sabe que ha hecho algo que a mamá y a papá no les gusta ¡porque mamá y papá se lo dicen así! No tiene comprensión de que su rebelión, mentira, robo y otras cosas, son violación de la ley de Dios y que tales acciones tienen alguna forma de consecuencia eterna. Los niños pequeños no son capaces de entender a Dios de esta manera. No pueden captar el evangelio si lo oyeran. No tienen ninguna capacidad de recibir a Jesucristo como Salvador, de arrepentirse y creer, o de rechazarle.

Por consiguiente, son inocentes de saber la plena importancia, el efecto o las consecuencias de sus acciones. Los infantes que mueren no tienen nada escrito en los registros del cielo contra ellos porque nunca han cometido ninguna obra *consciente* de rebelión e iniquidad contra Dios. Los niños pequeños no son agentes morales responsables todavía; en otras palabras, todavía no son culpables por sus acciones porque simplemente no saben lo que están haciendo y las consecuencias asociadas con su conducta.

R. A. Webb consideró este mismo punto cuando escribió:

Si un infante muerto fuera enviado al infierno por
ninguna otra razón que su pecado original, entonces
habría una buena razón en la Mente Divina para el
castigo, porque el pecado es una realidad. Pero la
mente del niño estaría perfectamente en blanco en
cuanto a la razón de su sufrimiento. Bajo tales circunstancias, conocería el sufrimiento pero no tendría
ninguna comprensión de la razón de su sufrimiento.
No podría decirse a sí mismo por qué era castigado
tan severamente, y en consecuencia, todo el sentido y
significado de su sufrimiento sería para él un misterio
consciente, la misma esencia de la pena estaría ausen-
te y la justicia quedaría defraudada, privada de su
validación.[3]

Sin conducta depravada. Las Escrituras enseñan que somos
juzgados en base a nuestras obras voluntariamente cometidas
«en el cuerpo» (2 Corintios 5.10). El pecado de Adán y la
culpa resultante explican nuestra incapacidad de reconciliar-
nos con Dios sin ser salvos, pero la Biblia no enseña que responderemos o se nos exigirá cuentas por el pecado de Adán.
Responderemos por nuestro propio pecado. ¿Qué de los
infantes? ¿Acaso los que han muerto en la infancia han
cometido tales pecados en el cuerpo? No.

Jesús dijo: «Pero lo que sale de la boca, del corazón sale; y
esto contamina al hombre. Porque del corazón salen los malos
pensamientos, los homicidios, los adulterios, las fornicaciones,
los hurtos, los falsos testimonios, las blasfemias. Estas cosas

son las que contaminan al hombre» (Mateo 15.18–20). Un niño pequeño es incapaz de cometer estas obras de pecado que contaminan el alma y están sujetas al castigo de Dios.

Phil Johnson, un anciano de la iglesia Grace Community, escribió en una de sus lecciones:

Conocí a un hombre cuyo hijo murió en la infancia, y él parecía pensar que había algo de meritorio en creer que su propio hijo había ido al infierno. En cada oportunidad que tenía, traía a colación el asunto y se jactaba de cómo él y su esposa habían tenido que resignarse al hecho de que su hijo simplemente no estaba entre los elegidos. Le dije que yo pensaba que a él y a su esposa les esperaba una sorpresa agradable cuando llegaran a la gloria. Recuerdo que dijo que tenía absoluta certeza de que si Dios hubiera elegido a ese infante para la salvación, le hubiera mantenido vivo el tiempo suficiente para llevarlo a la fe. Mi respuesta fue que él tendría igual garantía bíblica como para concluir que si Dios hubiera decidido no elegir a ese niño, Dios habría tenido que tenerlo en la tierra tiempo suficiente para que el corazón del niño se endureciera por el pecado y para que su rebelión contra Dios se manifestara mediante acciones deliberadas. Porque *cada vez que las Escrituras describen a los habitantes del infierno, siempre lo hacen con listas de pecados y abominaciones que han cometido deliberadamente.* Podríamos mirar la información bíblica y concluir que cuando Dios le quita la vida a un pequeño, en realidad es un acto de misericordia que impide que ese niño se endurezca por una vida de exposición al mal y una vida de rebelión deliberada contra Dios. La posición que se tenga sobre el asunto dice mucho en cuanto a cómo se ve a Dios y su gracia.[4]

Sin capacidad para escoger la salvación. Me doy perfectamente cuenta de que Jesús dijo que debemos entrar «por la puerta estrecha; porque ancha es la puerta, y espacioso el camino que lleva a la perdición, y muchos son los que entran por ella; porque estrecha es la puerta, y angosto el camino que lleva a la vida, y pocos son los que la hallan» (Mateo 7.13–14). Sin embargo, creo que Jesús se refería a los que son intelectualmente *capaces* de buscar la senda estrecha y moralmente culpables si no lo hacen. Para poder hallar un camino, necesitamos poder buscar ese camino. Los pequeños no son capaces de hacer esto.

Pablo escribió a los romanos: «Porque así como por la desobediencia de un hombre los muchos fueron constituidos pecadores, así también por la obediencia de uno, los muchos serán constituidos justos» (Romanos 5.19). Los «muchos» en este versículo, opino, incluye a los pequeños. Una manera de explicar el hecho de que «pocos» hallan la senda estrecha y sin embargo «muchos» son constituidos justos es reconocer el vasto número de niños nonatos, recién nacidos y pequeños que han poblado el cielo desde principios del tiempo. Es por la gracia de Dios que estos pequeños están delante de él hoy, plenamente transformados de una naturaleza humana de pecado a una naturaleza redimida de justicia.

Una obra soberana de Jesucristo. Permítame resumir este asunto. No hay ningún lugar en las Escrituras en que una persona sufra el castigo de la condenación en base a algo que no sea sus obras de pecado, incluso la *obra* de pecado de la incredulidad: una decisión consciente, voluntaria e intencional de no creer. Es más, Dios no acusa a la persona de pecados sino hasta cuando los pecados han sido cometidos.

La salvación es completamente por gracia, no por obras. La condenación es completamente por obras, no por gracia.

En ninguna parte las Escrituras enseñan la condenación infantil. Más bien, toda referencia bíblica, sea directa o no, a la cuestión de los infantes y niños que mueren nos da razón para creer que van de inmediato a la presencia eterna de Dios.

No puedo dejar de concluir que nuestro Señor en su gracia y libremente recibe a todos los que mueren en la infancia; no en base a la inocencia de ellos o porque sean dignos, sino por la gracia de Dios, hecha de ellos por la expiación que él compró en la cruz. Estos pequeños tienen la salvación basados en la soberanía absoluta y la gracia plena.

Sí, los niños son pecadores por naturaleza. Los bebés no están sin naturaleza pecadora; sin embargo, son sin *obras* de pecado.

Sí, los niños necesitan un Salvador.

Sí, Dios ha provisto un Salvador para ellos: Jesucristo.

Sí, a todos los niños que mueren antes de llegar a un estado de conciencia moral y culpabilidad en la cual entienden su pecado y corrupción, de modo que sus pecados son deliberados, Dios los salva por gracia y eternamente por la obra de Jesucristo. Son contados como elegidos por decisión soberana porque son inocentes de pecado, rebelión e incredulidad voluntarios, por cuyas obras serían justamente condenados al castigo eterno.

Si usted ha seguido cuidadosamente todos los pasajes bíblicos en este capítulo y el anterior, sabe que su niño que murió antes del nacimiento, en el nacimiento o demasiado pequeño como para captar la distinción entre el bien y el mal, está en efecto seguro en los brazos de Dios, eternamente seguro en su amor y gracia.

CINCO

¿Volveré a ver a mi niño?

LA MAYORÍA DE LOS QUE TIENEN ALGO DE FAMILIARIDAD CON la Biblia conoce el episodio de David y Betsabé. Después de adulterar con Betsabé, David se enteró de que ella estaba encinta con su hijo. Entonces envió al esposo de Betsabé, Urías, al frente de la batalla más feroz, lugar en donde David sabía con certeza que Urías caería muerto. Delante de Dios, David no solo era un adúltero, sino también un asesino. El Señor envió a su profeta Natán para enfrentar a David (2 Samuel 11—12).

Cuando fue confrontado, David admitió lo que había hecho. Le dijo a Natán: «Pequé contra Jehová» (2 Samuel 12.13). Natán le respondió a David que el Señor había aceptado su confesión y le había perdonado; y por consiguiente no moriría. Luego le dijo que debido a lo que hizo, había dado gran ocasión para que los enemigos de los israelitas blasfemaran contra Dios, y el niño que Betsabé había concebido con certeza moriría (2 Samuel 12.14).

En esencia, David fue perdonado de su pecado, pero las consecuencias de su pecado no iban a ser eliminadas por completo.

Cuando nació el hijo de Betsabé, el bebé se enfermó de gravedad. David le suplicó a Dios por la vida del bebé. Ayunó, oró, y leemos que «pasó la noche acostado en tierra» mientras le suplicaba a Dios que salvara a su hijo. Los criados de su casa trataron de hacer que David se levantara y comiera, pero él tampoco lo hizo. Continuó ayunando y orando sin cesar, permaneciendo en posición postrada delante del Señor. Estoy seguro de que David sentía que la supervivencia del niño representaría la misericordia de Dios para él después de sus horribles iniquidades. Por lo menos habría algo que aliviaría la culpa: un nuevo hijo.

El pequeño murió al séptimo día.

Viendo a David sufrir tan profunda y hondamente por la enfermedad de su hijo, los criados tenían miedo de decirle que el niño había muerto. ¡Tenían miedo de que David a lo mejor se suicidara al oír la noticia! Podían ver que David había ligado todo su sentido de culpa personal, vergüenza y bienestar general a la supervivencia de ese hijo ilegítimo.

Cuando David oyó que los criados hablaban en voz baja, comprendió que el niño había muerto. Preguntó: «¿Ha muerto el niño?». Le dijeron: «Ha muerto».

Insólitamente, fue en ese punto que David se levantó de la tierra, se lavó y se ungió, se cambió de ropa y fue a la casa del Señor a adorar. Después volvió a su casa. Pidió que le pusieran comida y comió. Toda la intensa intercesión, el ayuno, la aflicción y el sufrimiento se habían acabado así de rápido.

Los siervos de David quedaron espantados. Habían visto cuán angustiado estaba David por la enfermedad y muerte inminente de su hijo. Se preocuparon tanto por él que le vigilaban cuidadosamente para que no tratara de hacerse daño en su estado de aflicción intensa. Sin embargo, en lugar de ver mayor lamentación en David, vieron a su amo lavarse, adorar a Dios y pedir algo para comer. No pudieron hacer menos que cuestionar su conducta y preguntarle: «¿Qué es esto que has hecho? Por el niño, viviendo aún, ayunabas y llorabas; y muerto él, te levantaste y comiste pan» (2 Samuel 12.21).

David respondió: «Viviendo aún el niño, yo ayunaba y lloraba, diciendo: ¿Quién sabe si Dios tendrá compasión de mí, y vivirá el niño? Mas ahora que ha muerto, ¿para qué he de ayunar? ¿Podré yo hacerle volver? Yo voy a él, mas él no volverá a mí» (vv. 22–23).

David quería a ese pequeño. Aunque sabía que su hijo había sido concebido en pecado, lo amaba y quería que viviera. Ayunó y oró intensamente por su frágil vida. Como nosotros, David tenía fuertes esperanzas de que el Señor en su gracia cedería y permitiría que el niño viviera; pero no tenía ninguna seguridad de que Dios lo iba a hacer.

Esta es la clave en el cambio de David. Cesó su lamentación después que el bebé murió. No sintió ninguna razón para ayunar y orar porque su aflicción fue instantánea y completamente reemplazada por esperanza. Él declaró: «Yo voy a él, mas él no volverá a mí» (v. 23).

A pesar de sus pecados, David era un hombre de Dios y su teología era sólida. Era creyente. Fue castigado y perdonado. Era hijo de Dios. Así que sabemos con certeza que no se refería al infierno cuando dijo: «Yo voy a él».

Hay quienes dicen: «Pues bien, lo que David quería decir era que yacerían juntos en el mismo lugar enterrados». ¡Qué absurdo! Esa idea ciertamente no haría que una persona se lave y se sirva una comida.

También hay quienes dicen: «Ese niño iba al infierno porque era un niño que nació del adulterio». Las Escrituras no dan absolutamente ningún respaldo a semejante creencia. Como usted recordará, es exactamente lo opuesto lo que la Biblia respalda:

El alma que pecare, esa morirá; el hijo no llevará el pecado del padre, ni el padre llevará el pecado del hijo; la justicia del justo será sobre él, y la impiedad del impío será sobre él. (Ezequiel 18.20)

David pudo decir: «Yo voy a él», ¡porque sabía hacia dónde tanto él como su hijo infante se dirigían! Sabía que el futuro eterno de los dos estaba con Dios. Este fue el hombre que escribió: «Ciertamente el bien y la misericordia me seguirán todos los días de mi vida, y en la casa de Jehová moraré por largos días» (Salmos 23.6).

También fue David quien dijo: «En cuanto a mí, veré tu rostro en justicia; estaré satisfecho cuando despierte a tu semejanza» (Salmos 17.15).

En Salmos 16, David escribió: «Se alegró por tanto mi corazón, y se gozó mi alma; mi carne también reposará confiadamente; porque no dejarás mi alma en el Seol, ni permitirás que tu santo vea corrupción. Me mostrarás la senda de la vida; en tu presencia hay plenitud de gozo; delicias a tu diestra para siempre» (vv. 9–11).

David *sabía* que a su muerte iría a la presencia del Señor, y también sabía que ese era el hogar eterno para su bebé.

Un episodio con un fin diferente

El bebé que le nació a Betsabé no fue el único hijo de David. Tuvo otros hijos, incluso a Absalón, que ya era adulto para cuando nació este bebé. Absalón más tarde se volvió contra su padre y encabezó una revuelta política contra él, maldiciéndolo al expulsarlo del trono de Jerusalén. No se contentó con obligar a David a irse de la ciudad, sino que lo persiguió con la intención de matarlo.

Mientras Absalón perseguía a su padre, no se agachó al ir montado en su mula por un bosque, y su cabellera se enredó en las ramas espesas de una encina. Allí quedó colgado, sin poder zafarse y sin poder tocar el suelo (2 Samuel 18). Cuando le llegó la noticia a Joab, uno de los generales de David, Joab de inmediato fue a la escena, tomó tres dardos y los atravesó en el corazón de Absalón. Luego otros diez soldados jóvenes que eran escuderos de Joab rodearon a Absalón y lo remataron. Entonces descolgaron el cadáver de Absalón del árbol, abrieron un hoyo grande en el bosque, y allí sepultaron el cadáver. Luego cubrieron la tumba con piedras.

Cuando un mensajero etíope vino de la batalla, David le preguntó: «¿El joven Absalón está bien?». El mensajero respondió: «Como aquel joven sean los enemigos de mi señor el rey, y todos los que se levanten contra ti para mal». El rey supo de inmediato que su hijo había muerto. La Biblia nos dice: «Entonces el rey se turbó, y subió a la sala de la puerta, y lloró; y yendo, decía así: ¡Hijo mío Absalón, hijo mío, hijo mío Absalón! ¡Quién me diera que muriera yo en lugar de ti, Absalón, hijo mío, hijo mío!» (2 Samuel 18.32–33).

David lloró sin control y se lamentó con desconsuelo por Absalón. Lo que de otra manera había sido un día de victoria contra un enemigo mortal se convirtió en un día de lamentación inmensa y agonizante. La noticia se regó con rapidez: «El rey tenía dolor por su hijo» (2 Samuel 19.2). David se cubrió la cara y continuó clamando mientras el pueblo regresaba a la ciudad: «¡Hijo mío Absalón, Absalón, hijo mío, hijo mío!» (19.4).

Qué contraste con la respuesta de David a la muerte de su hijo infante que nació de Betsabé. David *dejó* de lamentarse cuando murió el hijo de él y Betsabé; *empezó* a lamentarse cuando Absalón murió. ¿Cuál era la diferencia? David sabía que el pequeño estaba con el Señor, residiendo en la presencia celestial para siempre. Pero sabía que Absalón, su hijo adulto perverso y rebelde, no estaba allí. David podía aguardar con esperanza reunirse con su hijo infante. Sin embargo, no tenía ninguna esperanza de jamás volver a ver al perverso Absalón.

David se lamentó por Absalón con aflicción incesante, tal como cualquier padre lo haría por un hijo que se ha rebelado contra Dios y ha muerto en su pecado sin arrepentirse.

¿Debemos lamentarnos o regocijarnos?

Creo que las siguientes lecciones se pueden derivar de estos incidentes de la vida del rey David:

- Si usted tiene un pequeño que muere, en lugar de concentrarse en su pérdida humana, mire la ganancia eterna para su niño. Su pequeño ha logrado la gloria eterna. Está seguro en los brazos de Dios, vivo para siempre y plenamente maduro y semejante a Cristo.

- Especialmente para los que mueren en el vientre, al nacer o en las primeras etapas de la infancia: regocíjese de que su niño no haya conocido la perversidad de este mundo. Su pequeño no ha luchado contra la tentación ni ha estado sujeto al impulso interno de los deseos de pecado.

- Su pequeño que ha muerto no ha perdido su vida, sino que más bien ha alcanzado la vida eterna.

Enfoque el interés amoroso en sus niños vivos

Mientras se regocija por el infante que está con el Señor, interésese por los hijos que viven y que todavía no han creído y recibido la gracia salvadora de Jesucristo.

Nuestras lágrimas deben dirigirse a los que no están siguiendo a Jesucristo como su Señor. Concentre sus oraciones y derrame su amor en los niños que tienen edad suficiente como para recibir o rechazar el evangelio. Aproveche la oportunidad y la responsabilidad que tiene de presentarles el amor y la misericordia de Cristo Jesús de una manera convincente. Anímeles a que se arrepientan de sus pecados y reciban la salvación solo en Cristo. Ruégueles que se reconcilien con Dios (2 Corintios 5.20).

Es ante nuestros hijos vivos que debemos hacer lo mejor posible para dar el ejemplo. Se nos ordena que hagamos todo lo que podamos para criarlos en disciplina y amonestación del Señor, rodearlos de influencia santa, presentarles la verdad del evangelio, y orar por ellos sin cesar. Nuestro reto es ayudar a los hijos que sobreviven el vientre, la infancia y su temprana niñez a fin de que estén listos para entrar en la eternidad el día que Dios los llame a su hogar.

Examine su propio corazón

Cómo respondería usted personalmente a la pregunta: «¿Veré de nuevo a mi niño?». La respuesta depende de que usted mismo haya creído y recibido a Jesucristo como su Salvador. Su gozo al esperar una reunión con su pequeño que murió depende de que usted sepa si va al lugar donde él o ella están. David tenía esa confianza. ¿La tiene usted?

Nada en las Escrituras indica que los niños en la eternidad están conscientes de la vida de sus padres en la tierra, o que esos niños influyan en lo que les sucede a sus padres. Esperar que de alguna manera la seguridad de un hijo en los brazos de Dios pudiera resultar en la salvación de un padre o una madre es una esperanza falsa.

Un día su hijo le recibirá a usted en la eternidad *solo* si usted ha creído y recibido a Jesucristo como su Salvador personal. El evangelio le llama a que se arrepienta de sus pecados y ponga su fe en Cristo como el único Salvador. Usted no tiene ninguna esperanza de unirse con su hijo en el cielo a menos que usted haya respondido a Cristo por fe.

Una pregunta puede surgir en los corazones de algunos que han cometido pecados graves que estuvieron relacionados con la muerte de su niño: «¿Puede Dios perdonarme por lo que he hecho? ¿Puede Dios perdonarme por la forma en que le fallé a mi hijo?». Estas preguntas parecen acosar a muchos padres o madres cuyos hijos murieron como resultado de su descuido, fracaso, maltrato o por buscar deliberadamente un aborto.

Si usted tiene tales preguntas, tengo buenas noticias. Las Escrituras prometen perdón pleno y completo para todos los que buscan misericordia por medio de Cristo:

- Venid luego, dice Jehová, y estemos a cuenta: si vuestros pecados fueren como la grana, como la nieve serán emblanquecidos; si fueren rojos como el carmesí, vendrán a ser como blanca lana. (Isaías 1.18)
- Deje el impío su camino, y el hombre inicuo sus pensamientos, y vuélvase a Jehová, el cual tendrá de él misericordia, y al Dios nuestro, el cual será amplio en perdonar. (Isaías 55.7)
- Palabra fiel y digna de ser recibida por todos: que Cristo Jesús vino al mundo para salvar a los pecadores, de los cuales yo soy el primero. (1 Timoteo 1.15)

Permítame contarle la conmovedora historia de una mujer.

Julene tenía solamente veinte años cuando se hizo un aborto. No sintió ningún remordimiento por su acción al momento del aborto. Había estado estudiando en el extranjero en un «programa de penúltimo año» cuando se enamoró de un estudiante de otro país que también estaba en esa misma universidad en el extranjero. Ella y su novio habían estado viviendo en el mismo apartamento por dos meses cuando ella se enteró de que estaba encinta.

El mismo día que Julene supo que estaba encinta, tomó la decisión de abortar. Nunca le habló a su novio de su decisión sino después de que el procedimiento tuvo lugar. Simplemente fue a una clínica que le recomendó una amiga y haciendo a un lado todo asesoramiento que le ofrecieron allí, programó el procedimiento para el día siguiente. Como puede imaginarse, Julene y su novio terminaron su relación poco después de que él se enteró de lo que había sucedido, cada uno volvió a su respectivo país dos meses después y nunca más volvieron a tener contacto. Pero Julene volvió a casa sintiéndose increíblemente mayor, más sabia y, sin embargo, extrañamente más triste, deprimida y más intranquila que nunca antes en su vida.

En medio de su tristeza, Julene trataba de convencerse a sí misma de que en realidad no había habido otra opción. No podía imaginarse tener que decirles a sus padres que estaba encinta o para el caso, que había tenido un novio con quien había tenido relaciones sexuales. Julene se había criado en un hogar cristiano, y sabía que sus padres creían firmemente que su hija había permanecido fiel a todo lo que esperaban de ella durante sus estudios en el extranjero. Ellos no tenían ni idea de que ella había pecado o hasta qué punto, y Julene no pudo hallar el valor para decírselos.

También trató de convencerse a sí misma de que el feto que había abortado era simplemente eso: un «feto». Ni siquiera se permitía usar la palabra *bebé*. Trató de convencerse a sí misma de que absolutamente no había manera en que ella hubiera podido haber criado a un bebé por cuenta propia o incluso con ayuda de amigos. Después de todo, tenía todavía un año más para concluir la universidad, una carrera que forjar y un futuro esposo que conocer. Ella consignó toda su experiencia romántica, su enredo sexual y el aborto como una «mala experiencia». Trató de echarle la culpa a la soledad que sentía en el extranjero, a los mensajes abiertamente sexuales que parecían permear la universidad donde había ido a estudiar, a la abrumadora «química» que había sentido por el joven a quien ella había permitido que la sedujera. Trató de convencerse de que había hecho lo que cualquier muchacha racional de veinte años en su situación hubiera hecho, y que ella había actuado de forma responsable y como adulta.

Sí, trató y trató de convencerse a sí misma de estas posiciones, pero muy adentro, Julene seguía atormentada. Perdió una considerable cantidad de peso, pero en lugar de alarmarse por esto, Julene se entusiasmó por estar más delgada que cuando se fue al extranjero, y sus padres y otros elogiaron a la «espigada nueva mujer» que veían como una universitaria en su último año. Y entonces, en el mismo día de octubre en que inicialmente le habían dicho que sería la fecha en que debía nacer el bebé, Julene tuvo un serio quebrantamiento nervioso.

Estaba en casa visitando a sus padres por el fin de semana cuando vio a una joven pareja en la acera con su pequeño en su cochecito, y sin ninguna advertencia, las emociones que había muy profundo dentro de su corazón la inundaron y comenzó a sollozar sin control. Difícilmente pudo ser consolada. Cuando por último su madre pudo abrazarla al punto en que ella se tranquilizó en sus brazos, le preguntó: «¿Estás enferma, cariño?».

Julene respondió que no se había sentido bien por varios meses, como si estuviera batallando contra alguna infección de algún tipo. Al día siguiente Julene y su madre fueron a ver al médico de la familia. En cuestión de días Julene se enteró de que sí, en verdad, ella estaba luchando contra una infección, que había empezado en el momento del aborto. Es más, se enteró de que puesto que la infección había pasado tanto tiempo sin tratamiento, había la fuerte probabilidad de que *no* pudiera concebir o tener hijos en el futuro. El procedimiento realizado en su cuerpo en aquel país extranjero no había ido ni en sueños tan bien como Julene había esperado; en verdad, el procedimiento la había lesionado seriamente. En los días que siguieron Julene les contó a sus padres toda la verdad de su embarazo y aborto, se sometió a una dilatación y legrado en el hospital local, y empezó un tratamiento de terapia antibacteriana.

Para sorpresa de Julene, sus padres fueron asombrosa y genuinamente comprensivos y perdonadores; claro, una vez que lograron sobreponerse al choque inicial. Abrazaron a su hija con amor y la invitaron a que volviera a casa, donde su madre empezó a preparar comidas nutritivas para ella y a cuidarla para que recuperara sus fuerzas. Julene estuvo agradecida por el respaldo de ellos puesto que todo lo que ella podía hacer era asistir a clases y estudiar para los exámenes. Luchó valientemente para completar el semestre de otoño con calificaciones suficientes para aprobar.

Para el siguiente semestre Julene había recuperado en gran medida su vigor físico y bienestar emocional. Había estado resistiéndose a volver a la iglesia después que la verdad se supo en cuanto a su embarazo y aborto, y sus padres no la presionaron, pero cerca del Domingo de Resurrección empezó a asistir de nuevo. Le contó a su madre: «No puedo dejar de pensar que asesiné a mi bebé. Parecía bien cuando pensaba que tenía simplemente un "feto" en mí, pero cuando vi a aquella pareja allá en la calle dando una caminata con su bebé, de repente me abrumó la idea de que yo había estado encinta con un *bebé*. Fue la primera vez después del aborto que en realidad lloré y lloré». El llanto y la búsqueda del perdón de Dios empezaron su curación.

Dios había perdonado a Julene, y ella podía regocijarse de que un día volvería a reunirse con su hijo en el cielo. Ahora ella tiene esperanza, no desesperación. Tiene la libertad de amar y servir a Dios por completo; sabe que ha sido perdonada. Disfruta al pensar en su hijo, amar a su hijo y esperar el día en que lo conocerá, en lugar de sentir miedo y terror.

¿Puede Dios perdonar a una persona que mata a un niño, aunque sea su propia carne y sangre? Sí, la gracia de Dios cubre todas las magnitudes de pecado.

Si se cree responsable de alguna manera por la muerte de su niño, la pregunta no es: «¿Puede Dios perdonarme?», sino más bien: «¿Recibirá usted el perdón de Dios?». ¿Recibirá la oferta de la gracia y la misericordia de Dios en Jesucristo? ¿Quiere usted reconciliarse con Dios? (2 Corintios 5.20).

Y entonces, habiendo aceptado el perdón de Dios, ¿avanzará usted en su vida, decidido a obedecer sus mandamientos y comprometido a no pecar más? (Juan 8.11). Estos son los retos que el padre o la madre enfrentan en el tiempo que sigue a la muerte de un bebé, en la cual creen que tienen algo de culpa.

¿Volverá a ver a su niño?

Si usted recibe a Jesucristo como Salvador y experimenta el perdón de sus pecados por Cristo, sí lo verá.

La muerte de su niño y la salvación de sus hijos. La muerte de un hijo ejerce un profundo impacto en los demás hermanos en la familia; no solo los que están vivos cuando el niño muere, sino los que nacen después de la muerte de ese niño. De muchas maneras, la muerte de un hijo puede ser un catalizador para que un hermano o hermana llegue a conocer al Señor.

Hace poco oí la historia de una mujer llamada Sandra. Su experiencia resume mucho de la verdad que ya hemos considerado en este libro, así que se la voy a contar completa. Sin embargo, el final de esta experiencia ¡es algo que encuentro muy alentador!

Sandra estaba en el sexto mes de su embarazo cuando, sin ninguna advertencia, la placenta se le desprendió y en menos de una hora se halló en la sala de urgencias y sin su hija. Los médicos y enfermeras que la atendieron trataron de animarla diciéndole que era casi un milagro que no hubiera sufrido más complicaciones en la pérdida de su niña. Su esposo, que había corrido desde su trabajo para estar a su lado en seguida que oyó que ella estaba camino al hospital, la consolaba lo mejor que podía. Su hermana lloraba con ella.

«Pero luego», le dijo Sandra más tarde a su pastor, «cuando salí del hospital todos dieron por sentado que todo marcharía bien. Todos parecían tener una actitud de "ya eso pasó". Nadie, ni siquiera mi hermana o mi esposo, querían hablar del embarazo. Actuaban como si la bebé que yo había estado llevando no fuera una persona, no fuera una vida, porque nunca había nacido.

»Parecía que no entendían que esa bebé era para mí una persona en todo sentido. Yo le cantaba y le hablaba todo el tiempo que estaba despierta. Sentía que ella daba patadas en mi vientre. Le había puesto por nombre Rosemaree.

»No importaba que tuviera tres hijos sanos cuando quedé encinta de Rosemaree. La gente seguía diciéndome: "Tienes una familia maravillosa"; como tratando de convencerme de que Dios había dicho: "Ya basta". Parecía que no entendían que yo quería a esta pequeña tanto como había querido a mis otros tres hijos. Ella no fue un accidente. Nosotros la planeamos, la deseábamos y la "esperábamos" como una bebé y como parte de nuestra familia».

Sandra había ido a conversar con su pastor porque se hallaba todavía lamentando la pérdida de su hija nonata cuatro meses después de su pérdida. Sentía una profunda tristeza y una inquietud agobiante de las que no podía librarse. Su médico le había dicho que ya estaba sana y que con toda probabilidad podía concebir de nuevo si lo deseaba. Sandra no tenía ningún interés en oír tales noticias; estaba demasiado llena de tristeza por no tener en sus brazos a su bebé.

Finalmente, el médico le recetó medicamentos para ayudarla en su depresión. Fue en ese punto que Sandra buscó al ministro de consejería de su iglesia.

Felizmente, Sandra le confió su experiencia a un pastor que entendía que su niña estaba en el cielo, como toda una persona, adorando a Dios y disfrutando de la perfección de la vida eterna en la presencia de Dios. Lloró con Sandra por la pérdida de Rosemaree, y los dos planearon un culto de oración muy sencillo al cual Sandra invitó a su esposo, hermana y los demás hijos. Aunque el hermano más pequeño tenía solo dos años, Sandra sentía que necesitaba ser parte del círculo familiar al reunirse para alabar a Dios porque su hermanita Rosemaree estaba en el cielo. El culto se realizó la semana siguiente, en la quietud de una pequeña capilla, el domingo por la tarde.

Sandra dijo después: «Ese culto tan sencillo, que probablemente no llevó más de quince minutos, le dio tremenda paz a mi corazón. Mi esposo y mi hermana tuvieron un nuevo aprecio por la manera en que yo me sentía en cuanto a nuestra hija que no nació. Y en cuanto a mí, el culto marcó el verdadero fin de mi aflicción por el duelo. Desde esa tarde en adelante tuve una perspectiva diferente y una alegría renovada en mi vida. Me sentí como avanzando de una manera que no puedo explicar por completo. Fue como si Rosemaree necesitara que se la "reconociera" de una manera formal y espiritual, a fin de que yo pudiera confiarla por completo al cielo y continuar viviendo mi vida en esta tierra».

Al año siguiente Sandra quedó encinta de nuevo. Esta vez el embarazo llegó a su término y ella dio a luz a un niño sano. Dos años más tarde a Sandra y a su esposo, Cliff, les nació otra niña.

Sandra dijo no hace mucho: «Alguien notó hace poco que nuestros hijos están escalonados en sus edades: trece, once, nueve, y luego hay un salto a cinco y tres años. Le dije: "Sí, parece que tenemos un hijo cada dos años, como reloj; ¡todos sus cumpleaños son en marzo y abril! La niña que habría tenido siete años ahora es Rosemaree. Ella está en el cielo"».

Sandra tiene razón al decir: «Tengo seis hijos. Cinco en esta tierra y una ya segura en los brazos de Dios». Uno de los milagros que ha resultado de la vida de Rosemaree sucedió hace poco. Como Sandra explica: «Nuestra hija mayor, Stacie, nos dijo hace unos meses: "Mamá y papá, tengo que contarles lo que sucedió en el campamento de la iglesia. Le entregué mi vida al Señor durante un culto de oración una noche y sé que he nacido de nuevo y que voy a pasar la eternidad con Cristo en el cielo. El predicador en el campamento dijo que si confiamos en Jesús para nuestra salvación debíamos decírselo a nuestros padres".

»Nos alegramos con Stacie, como pueden imaginarse, y quedamos encantados como sus padres porque ella había dado este paso tan adulto de una consagración completa de su vida a Cristo. Sin embargo, nos sorprendió cuando ella dijo: "Una de las cosas en que estaba pensando era en Rosemaree. Pensaba: *Si alguna vez voy a conocer a mi hermanita Rosemaree, tengo que confesar a Jesucristo como Señor y Salvador y vivir para él, porque Rosemaree está en el cielo y está viviendo con él en todo sentido*". El corazón casi no me cabía en el pecho. No sabía si Stacie siquiera recordaba a Rosemaree. Más tarde, Stacie les contó su decisión a sus hermanos Max y Joey. Para nuestra sorpresa, Max también recordaba el culto que tuvimos para Rosemaree. Ambos muchachos empezaron a hacer preguntas acerca de su "hermanita en el cielo". De una manera extraña, Rosemaree ha puesto el estándar para sus hermanos. Ella está con el Señor, sirviendo plenamente a Jesús; y el reto que ellos tienen por delante es creer en Cristo de manera que ellos también puedan estar con el Señor y con ella. Rosemaree es como una evangelista invisible para nuestros demás hijos. ¡Alabo a Dios por esto!».

¿Verán sus hijos a sus hermanos o hermanas de nuevo en el cielo? ¡Gran pregunta para hacerles!

¿Cómo es la vida de mi niño en el cielo?

Una de las grandes tragedias de nuestro tiempo ha llegado a conocerse como «síndrome de muerte súbita del lactante» o SMSL. Aunque se conocen ciertos factores de riesgo, nadie sabe con certeza lo que causa el SMSL, o lo que se pudiera hacer para asegurarse de que no afecte a un niño. Una pareja de nuestra iglesia, Jonatán y Stephanie, saben lo que es la tragedia de perder un hijo por el SMSL. Jonatán me escribió con gran gracia y fortaleza varios años después de la trágica noche en que su hijo murió:

> Siguiendo a toda velocidad a la ambulancia esa fría noche de septiembre, las palabras de Romanos 8.28 de repente se volvieron muy *reales* para mí. El terror

había oprimido nuestros corazones apenas minutos antes cuando hallamos a nuestro bebé de tres meses y medio de nacido, Stephen Paul, yaciendo sin vida en su cuna. Después de frenéticas llamadas telefónicas y desesperadas medidas de RCP, nuestro hijo de repente estaba de camino a la sala de urgencias en un torbellino de luces que relampagueaban y el ulular de la sirena. «Y sabemos que a los que aman a Dios, todas las cosas les ayudan a bien, esto es, a los que conforme a su propósito son llamados». Al repetirnos este versículo bíblico una y otra vez, teníamos una seguridad calmada de que cualquiera que fuera el resultado que enfrentáramos, Dios lo había propuesto para nuestro bien. Creíamos de todo corazón que el poder de Dios reviviría a nuestro hijo. Creíamos que el Señor soberanamente nos cuidaba. Nuestra fe fue fortalecida.

Después de lo que pareció una noche interminable, nos recibió a la mañana siguiente una multitud de hermanos y hermanas en Cristo; amigos que empezaron a ministrarnos fiel e incansablemente. Nuestras esperanzas habían quedado destrozadas. Nuestro hijo había muerto. Mientras luchábamos con esa realidad, nos hallamos enfrentando una realidad incluso más profunda: nuestro niño estaba en la presencia de Cristo y había empezado su vida eterna de adoración ante el trono del Señor. Mis primeros pensamientos a la mañana siguiente fueron del himno «Mi esperanza está en el Señor»; especialmente el verso: «Por mí él murió, por mí él vive, y luz y vida eternas da por su gracia». Nos consolamos el uno al otro con esta esperanza dada por Dios de que nuestro hijo no nos fue dejado, y por ende, ligado a una vida de dolor y pecado, sino que ahora estaba con él y seguro por la eternidad. Debido a que verdaderamente creíamos las palabras de Romanos 8.28, *sabíamos* que este suceso trágico de alguna manera era para nuestro bien, y que Dios lo había *formulado* para su gloria.

Después de alguna investigación se determinó que la muerte de nuestro hijo fue un caso de síndrome de muerte súbita del lactante. El SMSL todavía es un «evento inexplicable»; no existe evidencia médica concreta para explicar por qué de repente el bebé dejó de respirar. Una vez que se nos rotuló como un caso de SMSL, la literatura empezó a inundarnos. Nos ofrecieron reuniones de terapia en grupo, una oportunidad para reunirnos con otros padres en situación similar, y nos dieron libros y folletos bosquejando las explicaciones médicas en cuanto a lo que *pudo* haber causado la muerte y cómo *pudiéramos* haber evitado su muerte. Francamente, gran parte de esta literatura nos dejó sin esperanza y produjo una cantidad significativa de culpabilidad y angustia. Nuestros pensamientos continuamente volvían a la pregunta: «*¿Podíamos nosotros haber salvado a nuestro niño?*», y tuvimos muchos momentos de inquietud, duda y temor. Los folletos psicológicos fueron para nosotros incluso peores que las explicaciones médicas. La mayoría de ellos ofrecen toda una variedad de estrategias emocionales para atravesar el proceso de aflicción por el duelo. Pero debido a que no mencionaban a Jesucristo, nos dejaban sintiéndonos vacíos, como si toda la obra de afligirnos por el duelo reposara sobre nuestros hombros.

Vez tras vez sentíamos como si Satanás estuviera usando los esfuerzos del mundo por consolarnos para atacar las promesas de Dios. Estamos muy agradecidos a nuestros amigos creyentes, cuya presencia, oraciones y palabras de verdadero consuelo nos recordaban que Dios es fiel y tiene un plan soberano para nuestro bien; ¡sus propósitos no pueden ser trastornados!

Nuestro hijo murió el 22 de septiembre de 1998. Cuando reflexionamos de nuevo en todas las lecciones que el Señor nos enseñó en los meses que siguieron a ese día oscuro, nos maravillamos por la manera en que él nos llevó por esa experiencia. Estamos muy agradecidos por su misericordia y gracia. También estamos agradecidos por el ministerio de la iglesia hacia nosotros durante esos tiempos tan desesperados. Nunca he sentido el poder de la oración, ni sentido la presencia de Cristo, tan vívidamente ni antes ni después. Dios personalmente se nos reveló como nuestro Refugio, Amparo y el Pastor de los Salmos. Él fue nuestro Maná diario, el único que podía llenar el vacío que sentíamos por dentro. Pudimos identificarnos con Abraham y su indeclinable confianza cuando Dios le pidió que sacrificara a su hijo.

La muerte de nuestro hijo también elevó nuestra expectativa del cielo. Hizo que dejáramos de aferrarnos a las cosas temporales de este mundo. Transformó nuestra comprensión de la soberanía de Dios sobre *todas* las cosas. ¡Cuánto agradecemos a Dios por estas obras de su gracia en nuestras vidas!

Echamos de menos a nuestro hijo. Cada día que pasa nos recuerda lo que pudiera haber sido o lo que pudiera haber hecho. Sin embargo, nuestro desencanto por no tener parte en su vida queda opacado por las promesas de la Palabra de Dios. La lápida en la tumba de nuestro hijo cita a Judas 24 y 25, que a mi juicio resume acertadamente nuestra perspectiva al enfrentar la pérdida de Stephen Paul: «Y a aquel que es poderoso para guardaros sin caída, y presentaros sin mancha delante de su gloria con gran alegría, al único y sabio Dios, nuestro Salvador, sea gloria y majestad, imperio y potencia, ahora y por todos los siglos».

Hemos aprendido varias lecciones vitales mediante nuestra tragedia; lecciones que nunca hubiéramos aprendido de otra manera. Llegar a ser más semejantes a Cristo ha llegado a ser nuestro deseo singular hasta el día de nuestra reunión con nuestro hijo en el cielo. En ese día caeremos postrados y adoraremos al Señor junto con él, para siempre. ¡Qué esperanza gloriosa!

¡Qué esperanza gloriosa debe tener todo padre después de la muerte de un hijo pequeño! La esperanza del cielo es verdaderamente esperanza *gloriosa*.

¿Cómo será el cielo?

Con el correr de los años muchos me han preguntado cómo creo que será el cielo. Les digo que será tal como la Biblia lo describe. Una palabra describe nuestra vida futura en el cielo: *perfección*.

La mayoría de nosotros entiende el concepto general de perfección, pero tenemos gran dificultad para concebir algo que sea verdaderamente perfecto. Todo en nuestra experiencia terrenal es defectuoso o imperfecto de alguna manera. Toda la creación al presente agoniza bajo los crueles efectos de la maldición del pecado, esperando la consumación de todas las cosas cuando finalmente la maldición sea quitada. En ese tiempo todo será perfecto. El dolor, la tristeza y los gemidos de la creación se acabarán. Conoceremos el gozo y la alegría. Ya no habrá más tristeza ni llanto (Isaías 35.10; Romanos 8.22).

Para nuestros seres queridos en el cielo, incluso nuestros pequeños, ese día de perfección ya ha llegado. Viven como personas completas; completas en cuerpo y alma, completamente nuevas y sin defecto. El apóstol Juan escribió: «Amados, ahora somos hijos de Dios, y aún no se ha manifestado lo que hemos de ser; pero sabemos que cuando él se manifieste, seremos semejantes a él, porque le veremos tal como él es» (1 Juan 3.2). Todo lo que podemos concebir como la totalidad y perfección de Cristo es la totalidad y perfección que están disfrutando nuestros seres queridos que moran con él en la eternidad.

En el mismo momento en que su niño vio a Cristo, ese pequeño fue al instante y sumariamente hecho por completo perfecto, plenamente transformado a imagen de Jesucristo.

Su pequeño tiene el deseo de agradar a Dios; un corazón para adorar, alabar y servir a Dios.

Su niño está rodeado de una gloria que no se puede desvanecer. Es una gloria que viene de dentro hacia fuera (Romanos 8.18).

Una de las figuras que se usan en las Escrituras para describir a los que moran en el cielo es la imagen de un vestido blanco. Apocalipsis 6.11 dice: «Y se les dieron vestiduras blancas». El vestido blanco simboliza santidad y pureza, y adorna a todo niño en el cielo.

Su niño o niña ya no sufre nada de lo que nosotros conocemos como fragilidad o condición humana caída. El Señor en su amor y gracia le ha concedido a su niño (corazón, alma, mente y carne) el estándar apropiado para ocupar la elevada posición en la que él ha puesto a su pequeño. Le ha dado a su ser querido el estándar de perfección para que pueda estar ante el trono y ver a Dios cara cara.

No hay período de espera para esta glorificación. No hay «sueño del alma», ni purgatorio. Nada en las Escrituras da el menor indicio de tales nociones, y nada indica que nuestra glorificación después de la muerte será de alguna manera dolorosa, o que exigirá algún acto de arrepentimiento después de nuestra muerte. Por el contrario, Jesucristo mismo hizo plena expiación por los pecados de su pueblo (2 Corintios 5.21; 1 Pedro 2.24; 1 Juan 2.2). La salvación es una dádiva gratuita e inmerecida de Dios. Todo aspecto de ella, desde nuestra elección en la eternidad pasada hasta nuestra glorificación en la eternidad futura, es obra solo de Dios (Romanos 8.29–30). Las Escrituras dicen que partir de este mundo es estar con Cristo (Filipenses 1.23). Al ver a Cristo llegamos a ser semejantes a él. La transición es por gracia, pacífica, sin dolor e instantánea. El apóstol Pablo escribió que «estar ausentes del cuerpo» es estar «presentes al Señor» (2 Corintios 5.8).

¿Cómo es el alma perfeccionada? La verdad más obvia es que finalmente será perfectamente libre del mal para siempre. Su niño

- jamás tiene un deseo egoísta,
- jamás pronuncia una palabra inútil,
- jamás hace una acción descomedida,
- jamás tiene un pensamiento pecaminoso.

Su pequeño está completamente libertado de toda tentación a pecar y puede hacer todo lo que es absolutamente justo y santo. Su hijo no experimentará

- ni sufrimiento,
- ni tristeza,
- ni dolor.

Su niño no hará jamás lo que le desagrada a Dios. Debido a que mora en el cielo donde no hay mancha de pecado para nada, su hijo vivirá totalmente

- libre de persecución,
- libre de división,
- libre de desunión,
- libre de odio,
- libre de conflictos o desacuerdos,
- libre de desilusiones.

Su niño no llorará porque no habrá nada que lo entristezca. Su pequeño no tendrá necesidad de orar, ni de ayunar, ni de arrepentirse, ni de confesar pecados, porque no habrá nada que confesar ¡ni nada por qué orar! Su niño conocerá una vida de inimaginable bendición, y solo de bendición, por toda la eternidad.

Perfecto placer. Salmos 16.11 dice: «En tu presencia hay plenitud de gozo; delicias a tu diestra para siempre». Todo lo que ahora nos da puro placer y alegría genuina es multiplicado en el cielo más allá de toda medida. Y puesto que nada es mejor o más grande que Dios, el puro gozo de estar con el Padre será la misma esencia de la bendición que disfruta su pequeño.

Perfecto conocimiento. En el cielo su niño vive con conocimiento perfecto; conocimiento tan completo como su hijo jamás podría desear. Su pequeño nunca sufrirá por una pregunta sin respuesta o un problema sin solución. Su hijo está viviendo totalmente libre de confusión e ignorancia.

Perfecto confort. Su niño nunca sufrirá ni un solo momento de incomodidad. El cielo es un lugar de consuelo eterno. Al relatar la experiencia de un mendigo llamado Lázaro y un rico, Jesús destacó que en el cielo Lázaro era «consolado» en tanto que el rico estaba «en el Hades [...] en tormentos» (Lucas 16.19–25).

Perfecto amor. Su hijo tiene una capacidad de amar y ser amado perfectamente. Juan 13.1 dice que Cristo amó a sus discípulos *eis telos*; lo que quiere decir: «hasta el fin, hasta la perfección total». Ese mismo amor nos envuelve para siempre en el cielo. Allí su pequeño es capaz no solo de recibir ese amor, de una manera que no podemos recibir por completo en esta tierra, sino también de expresar perfectamente ese amor.

Perfecto gozo. La vida en esta tierra siempre está mezclada con una medida de tristeza, desilusión, desencanto, afán, lucha y dolor. ¡No es así en el cielo! El cielo es un lugar de gozo puro. En la parábola de los talentos hallamos un estribillo que se repite: «Bien, buen siervo y fiel; [...] entra en el gozo de tu señor» (Mateo 25.21, 23). Este es el mensaje para todos los que entran en la presencia del Señor en el cielo; son recompensados con la *plenitud* del gozo.

Tal vez lo mejor de todo es que estos atributos de placer perfecto, conocimiento perfecto, confort perfecto, amor perfecto y gozo perfecto son *interminables* y *nunca disminuyen* para su niño. La perfección celestial jamás es alterada ni es menos pura.

¿Qué edad tiene mi niño en el cielo?

Varios padres me han hecho esta pregunta. En ocasiones, he cambiado la pregunta de esta manera: «¿Hay cochecitos de niños en el cielo?».

La respuesta es: «No».

Cualesquiera que hayan sido las imperfecciones, limitaciones o inmadurez de su hijo o hija aquí en la tierra, eso no está presente en el cielo. Allí seremos hechos a imagen de Cristo (Romanos 8.29). Seremos como Jesús (1 Juan 3.2).

Todos los redimidos, de todas las edades y de todos los siglos, estarán ocupados haciendo una actividad particular en el cielo: «Después de esto miré, y he aquí una gran multitud, la cual nadie podía contar, de todas naciones y tribus y pueblos y lenguas, que estaban delante del trono y en la presencia del Cordero, vestidos de ropas blancas, y con palmas en las manos; y clamaban a gran voz, diciendo: La salvación pertenece a nuestro Dios que está sentado en el trono, y al Cordero» (Apocalipsis 7.9–10).

Los redimidos se unirán a los ángeles, ancianos y seres vivientes, al postrarse sobre sus rostros ante el trono de Dios y adorarle diciendo:

Amén. La bendición y la gloria y la sabiduría y la acción de gracias y la honra y el poder y la fortaleza, sean a nuestro Dios por los siglos de los siglos. Amén. (Apocalipsis 7.12)

El número mayor de este grupo bien pueden ser los niños no nacidos o pequeños salvos a través de los siglos por la soberana gracia de Dios. Vendrán de toda nación, lengua, tribu y pueblo. Son capaces de alabar y adorar a Dios. Deben poseer, por consiguiente, suficiente madurez como para expresar su alabanza y entender el significado de esa alabanza.

Otras instantáneas del cielo se nos dan en el libro de Apocalipsis. En el capítulo 5 leemos que «todo lo creado que está en el cielo, y sobre la tierra» está presente ante el Señor y dice:

Al que está sentado en el trono, y al Cordero, sea la
alabanza, la honra, la gloria y el poder, por los siglos
de los siglos. (Apocalipsis 5.13)

En ninguna parte de las Escrituras leemos que están en el
cielo quienes no son capaces de adorar, de expresar alabanza
o de caer postrados en su adoración ante el trono de Dios.

¿Me conocerá mi niño?

Los padres que han perdido un hijo con frecuencia preguntan: «¿Me conocerá mi bebé en el cielo? ¿Conoceré yo a mi
pequeño?».

Recuerde lo que el rey David dijo de su pequeño que
murió: «Yo voy a *él*» (2 Samuel 12.23, énfasis añadido).
David no dijo: «Yo voy a su lugar», o: «Yo voy al cielo donde
él está».

El cielo es un lugar de reuniones perfectas donde somos
conocidos por completo al igual que nosotros conoceremos
por completo a otros. Las Escrituras nos dicen: «Ahora vemos
por espejo, oscuramente; mas entonces veremos cara a cara.
Ahora conozco en parte; pero entonces conoceré como fui
conocido» (1 Corintios 13.12). De la misma manera que el
Señor le conoce a usted, usted conocerá al Señor. De la misma manera que el Señor le conoce a usted, usted también
será conocido por otros; y de la misma manera, usted los
conocerá a ellos.

El cielo es un lugar de perfecto conocimiento, perfecta
madurez y perfecto amor.

¡Qué buena noticia es esta! La *persona* que usted concibió es perfecta, está completa y alabando para siempre a Dios. La *persona* que usted concibió está delante del trono de Dios. La *persona* que Dios creó usando el material genético de usted y del otro progenitor de su hijo está ante el Señor en la *plenitud* de su vida. Si usted ha recibido a Jesucristo como su Salvador, un día se unirá con ese hijo, y *juntos* alabarán al Señor por toda la eternidad.

Su niño tendrá un cuerpo glorificado

El cielo no es un «estado mental»; es un lugar real donde los redimidos tienen cuerpos reales a semejanza del cuerpo que Jesucristo tuvo después de la resurrección.

Dios ha hecho a los seres humanos con cuerpo y alma, un hombre interno y externo (Génesis 2.7). Por consiguiente, la perfección última exige que tanto cuerpo como alma sean renovados.

La muerte resulta, por supuesto, en la separación entre el cuerpo y el alma. Nuestros cuerpos van a la tumba, nuestros espíritus van al Señor. La separación continúa hasta la resurrección (Juan 5.28–29).

Nuestro cuerpo resucitado es nuestro cuerpo terrenal glorificado. El cuerpo que recibiremos en la resurrección tendrá las mismas cualidades del cuerpo glorificado de resurrección de Cristo (1 Juan 3.2).

El cuerpo resucitado de Cristo no fue totalmente diferente, sino más bien el mismo cuerpo que tenía antes de su crucifixión. Sin embargo, estaba en un estado glorificado. Las heridas de su crucifixión todavía eran visibles. Se le podía tocar y palpar, parecía humano en todo. Jesús conversó largo tiempo con los discípulos en el camino a Emaús y ellos ni una sola vez cuestionaron su humanidad (Lucas 24.13–18). Comió comida real y terrenal con sus discípulos en otra ocasión (Lucas 24.41–43). Incluso así, su cuerpo tenía propiedades singulares que no eran de este mundo y que le permitían pasar por paredes sólidas (Juan 20.19), aparecerse de la nada (Lucas 24.36) y ascender directamente al cielo en forma corporal (Lucas 24.51; Hechos 1.9). Nuestros cuerpos serán como el suyo. Serán cuerpos reales, físicos, genuinamente humanos y, sin embargo, completamente perfeccionados y glorificados. Pablo escribió de esto: «Así como hemos traído la imagen del [hombre] terrenal, traeremos también la imagen del [hombre] celestial [Jesucristo]» (1 Corintios 15.49).

El apóstol Pablo asemejó la muerte de nuestro cuerpo físico a una semilla que se siembra en la tierra. Les escribió a los corintios: «Pero dirá alguno: ¿Cómo resucitarán los muertos? ¿Con qué cuerpo vendrán? Necio, lo que tú siembras no se vivifica, si no muere antes. Y lo que siembras no es el cuerpo que ha de salir, sino el grano desnudo, ya sea de trigo o de otro grano; pero Dios le da el cuerpo como él quiso, y a cada semilla su propio cuerpo» (1 Corintios 15.35–38).

Cada semilla contiene el modelo de la planta que crece de ella. Por ejemplo, todo el código genético de un roble está contenido dentro de una bellota. De igual manera, nuestros cuerpos resucitados tendrán un parecido al cuerpo que es sepultado, pero con una gloria mucho mayor. El cuerpo resucitado no tiene ninguno de los defectos del anterior, sino más bien, es una representación perfecta de lo que Dios quería que nuestros cuerpos fueran al crearlos, aparte de la influencia del pecado, la enfermedad y todos los defectos, fallas y debilidades de esta existencia terrenal. Pablo escribió: «Se siembra en corrupción, resucitará en incorrupción. Se siembra en deshonra, resucitará en gloria; se siembra en debilidad, resucitará en poder. Se siembra cuerpo animal, resucitará cuerpo espiritual» (1 Corintios 15.42–44).

Ni arrugas, ni calvicie creciente, ni enfermedad. Ni evidencia de lesión, enfermedad o alergias. ¡Nada de esto le pertenece al cuerpo glorificado de resurrección! El cuerpo resucitado puede comer, pero no tiene que hacerlo. Podrá moverse a voluntad por el espacio y la materia. Nunca envejecerá ni conocerá dolor, ni lágrimas, ni tristeza, ni enfermedad, ni descomposición, ni declinación de ninguna clase o muerte. El único rasgo físico que se lleva de la tierra al cielo será las cicatrices de Jesús, como recordatorios eternos de su sacrificio por nosotros para quitar el pecado.

Las Escrituras comparan el cuerpo glorificado con el resplandor de la luna y las estrellas: «Los entendidos resplandecerán como el resplandor del firmamento; y los que enseñan la justicia a la multitud, como las estrellas a perpetua eternidad» (Daniel 12.3).

La plenitud de su identidad. El Nuevo Testamento indica que nuestras identidades permanecen sin cambios en el cielo. Mientras celebraba la Pascua, Jesús tomó la copa y les dijo a los discípulos: «Tomad esto, y repartidlo entre vosotros; porque os digo que no beberé más del fruto de la vid, hasta que el reino de Dios venga» (Lucas 22.17–18). Jesús estaba prometiendo que él y sus discípulos beberían del fruto de la vid juntos de nuevo, en el cielo. En otro lugar Jesús hizo una promesa similar pero aun más concreta: «Vendrán muchos del oriente y del occidente, y se sentarán con Abraham e Isaac y Jacob en el reino de los cielos» (Mateo 8.11). Jesús claramente espera que *reconozcamos* a Abraham, Isaac y Jacob. Todos los redimidos mantendrán sus identidades para siempre, pero en plenitud y perfección. En el cielo podremos tener compañerismo con cualquiera de los santos que escojamos.

Moisés y Elías aparecieron con Cristo en el Monte de la Transfiguración. Aun cuando habían muerto siglos antes, mantenían una clara identidad; y Pedro, Jacobo y Juan evidentemente los reconocieron por quienes eran (Mateo 17.3–4). En el cielo podremos reconocer a personas a quienes nunca antes habíamos visto. Habrá algo en cuanto a su identidad que será permanente, distintivo, y nosotros podremos reconocerlas.

Cuando los saduceos trataron de hacer caer en una trampa al Maestro en cuanto a la resurrección, Jesús citó las palabras de Dios a Moisés en Éxodo 3.6: «Yo soy el Dios de tu padre, Dios de Abraham, Dios de Isaac, y Dios de Jacob». Jesús afirmó: «Dios no es Dios de muertos, sino de vivos» (Mateo 22.32). Jesús claramente estaba diciendo que Abraham, Isaac y Jacob todavía *estaban vivos*, y Dios continuaba siendo su Dios. Ellos tenían identidades identificables y distintas.

Usted conocerá a su niño. Su niño lo conocerá a usted. Incluso si su hijo o hija nunca vio su cara y usted nunca vio la cara de su bebé, su hijo le conocerá y usted conocerá a su hijo.

El apóstol Pablo escribió de la aparición del Señor y la resurrección de los santos que han muerto al decir: «Luego nosotros los que vivimos, los que hayamos quedado, seremos arrebatados juntamente con ellos en las nubes para recibir al Señor en el aire, y así estaremos siempre con el Señor. Por tanto, alentaos los unos a los otros con estas palabras» (1 Tesalonicenses 4.17–18). El consuelo viene por la expectativa de reunión con nuestros seres queridos. Nos reuniremos y entonces viviremos para siempre en una profunda comunión y comprensión que nunca hemos conocido en la tierra.

El teólogo A. A. Hodge una vez escribió acerca de nuestra vida en el cielo:

El cielo, como el hogar eterno del Hombre divino y de todos los miembros redimidos de la raza humana, necesariamente debe ser completamente humano en su estructura, condiciones y actividades. Sus alegrías y ocupaciones deben ser racionales, morales, emocionales, voluntarias y activas. Debe haber ejercicio de todas las facultades, gratificación de todos los gustos, desarrollo de todas las capacidades y talentos, realización de todos los ideales. La razón, la curiosidad intelectual, la imaginación, los instintos estéticos, los afectos santos, las actividades sociales, los recursos inagotables de fuerza y poder nativos en el alma humana, deben hallar en el cielo ejercicio y satisfacción.[1]

¡Todo lo que es bueno en cuanto a ser un humano será *gloriosamente bueno* en el cielo!

Comunión ininterrumpida con nuestro Padre celestial

Sin duda alguna, el aspecto más maravilloso del cielo será la comunión ininterrumpida con Dios nuestro Padre celestial. Este es el deleite supremo del cielo. Nuestra comunión con Dios el Padre será perfecta, ininterrumpida, y no la nublará ningún pecado o tiniebla. La noche antes de su crucifixión Jesús oró por sus discípulos, incluyéndonos a usted y a mí: «para que *todos sean uno; como tú, oh Padre, en mí, y yo en ti, que también ellos sean uno en nosotros*; para que el mundo crea que tú me enviaste. La gloria que me diste, yo les he dado, para que sean uno, así como nosotros somos uno. *Yo en ellos, y tú en mí, para que sean perfectos en unidad*, para que el mundo conozca que tú me enviaste, y que los has amado a ellos como también a mí me has amado. Padre, aquellos que me has dado, quiero que donde yo estoy, también ellos estén conmigo, para que vean mi gloria que me has dado; porque me has amado desde antes de la fundación del mundo» (Juan 17.21–24, énfasis añadido). Jesús desea que tengamos perfecta comunión con él y el Padre y que disfrutemos de la misma clase de unidad con el Padre que disfrutaba él.

Este es un concepto tan increíblemente profundo que no hay manera en que nuestras mentes finitas puedan empezar a apreciarlo. Seremos como Cristo. Estaremos *con* Cristo. Disfrutaremos de comunión ininterrumpida y sin estorbos con Dios el Padre. ¡Qué gloria será esa!

En el cielo veremos al Señor cara a cara. Podremos ver la gloria de Dios al descubierto en su plenitud. Esta será una vista más placentera y espectacular que cualquier cosa que hayamos conocido o pudiéramos jamás imaginarnos en la tierra. Ningún placer terrenal puede siquiera compararse con los privilegios y el éxtasis de una vista ininterrumpida de su gloria divina. Jesús dijo muy claramente: «Bienaventurados los de limpio corazón, porque ellos verán a Dios» (Mateo 5.8).

Esta comunión íntima con el Señor siempre ha sido el anhelo más profundo del alma redimida. El salmista dijo: «Como el ciervo brama por las corrientes de las aguas, así clama por ti, oh Dios, el alma mía. Mi alma tiene sed de Dios, del Dios vivo» (Salmos 42.1–2). Felipe, hablando por todos los discípulos, le dijo a Jesús: «Señor, muéstranos el Padre, y nos basta» (Juan 14.8). Apocalipsis 22.3–5 nos promete el cumplimiento de este gran deseo del corazón redimido: «El trono de Dios y del Cordero estará en ella, y sus siervos le servirán, y verán su rostro, y su nombre estará en sus frentes. No habrá allí más noche; y no tienen necesidad de luz de lámpara, ni de luz del sol, porque Dios el Señor los iluminará; y reinarán por los siglos de los siglos».

Ya que somos redimidos por el Señor, nuestra más alta satisfacción será estar delante de Dios el Padre y su Hijo Jesucristo, en perfecta rectitud. Tendremos una vista plena e inagotable de su gloria y belleza infinitas, y eso solo nos dará deleite infinito y eterno.

¡Qué gloriosa existencia tiene su niño en el cielo! ¡Qué gloriosa reunión y comunión tendremos juntos por toda la eternidad!

SIETE

¿Por qué tuvo que morir mi niño?

PARA PROBAR LA AUTENTICIDAD DE UN DIAMANTE, LOS JOYEROS a menudo lo ponen en agua clara, lo que hace que un diamante real reluzca con brillo especial. Una piedra de imitación, en contraste, casi no tiene destellos. Cuando se ponen en agua clara, lado a lado, una piedra de imitación y un diamante real, incluso el ojo no experto puede fácilmente encontrar la diferencia.

En las aflicciones de la tragedia de la vida real es que se distingue fácilmente a los creyentes genuinos de los que meramente profesan fe en Cristo. Hay una notable diferencia en su brillo. La forma en que una persona enfrenta el problema revela si la fe de ella es viva o está muerta, es genuina o imitación, es fe que salva o no lo es.

Especialmente esto parece verdad cuando muere un niño. Los padres que tienen la esperanza del cielo en su corazón y que firmemente creen que su hijo está seguro en los brazos de Dios, son padres que se afligen por el duelo y echan de menos a su hijo o hija. Sin embargo, al mismo tiempo, tienen un brillo en su fe de que Dios es soberano, de que tiene un plan para la eterna reunión de ellos con su hijo o hija, de que tiene un propósito en todo lo que hace y aun de que un día él convertirá en gozo este sufrimiento.

Para algunas parejas la tragedia de perder un bebé se complica por la muerte de *otro* hijo algún tiempo después. Ese fue el caso de Andrea y Steve. Steve trabaja conmigo en el ministerio radial «Gracia a vosotros», de modo que él y su familia tienen un lugar especial en mi corazón.

Después que su primer hijo, Andrew, murió siendo un bebé, a Andrea le diagnosticaron distrofia miotónica, enfermedad genética que a menudo se trasmite a los hijos. La distrofia miotónica de Andrea probablemente empezó a manifestarse en su adolescencia o edad adulta temprana, pero su condición no era severa. En ocasiones Steve notaba que Andrea parecía que no estaba trabajando tan duro como su madre o sus dos hermanas, ni como la mamá de él o sus dos hermanas, las cuales eran muy industriosas. Él achacaba a la pereza el que ella no cumpliera con algún quehacer doméstico, sin darse cuenta de que había factores fisiológicos que afectaban la fuerza y el nivel de energía de Andrea.

Steve quedó agradecido por el diagnóstico que resultó poco después de la muerte de Andrew porque le dio una nueva comprensión y empatía hacia Andrea. Creía que había sido un acto de la misericordia de Dios revelarles la enfermedad de

Andrea, y sentía que la Biblia le ordenaba que viviera con Andrea de una manera comprensiva, y punto. Se volvió un esposo mucho más comprensivo, ¡lo cual su esposa apreció grandemente!

Steve ha escrito: «El hecho de que me haya vuelto más comprensivo es una consecuencia directa de tener un hijo que nació con una enfermedad que a la larga le quitó la vida. Esto es definitivamente un buen resultado de la breve vida de nuestro hijo que Dios nos ha permitido ver».

Otra bendición que les vino a Steve y Andrea después de la muerte de Andrew fue que los dos tuvieron un matrimonio incluso más fuerte. Siempre se habían llevado bien, pero la vida y la muerte de Andrew los acercó aun más. Esto no es algo que sucede por accidente. De hecho, las estadísticas como un todo predicen lo opuesto. Muchas parejas se desbaratan por la muerte de un hijo, y especialmente es así si uno de los padres parece tener la culpa, incluso si esa «culpa» se debe a una enfermedad genética que no ha sido diagnosticada.

Después del diagnóstico de distrofia miotónica, Andrea quedó encinta de nuevo y su pequeña Karlie nació. Vivió por veintidós horas.

Steve escribió lo siguiente sobre su hijita:

De cierta manera, ella fue incluso más *mi* bebé que de Andrea. Andrea pudo pasar mucho más tiempo con Andrew durante los dos meses que él vivió en el hospital, mucho más tiempo que yo, y de alguna manera, creo que la pérdida de Andrew fue más profunda para ella. En el caso de Karlie, yo fui el padre primario «de turno» por toda la vida de Karlie.

Por muchas de las veintidós horas que Karlie vivió, Andrea estaba fuertemente sedada debido a su cesárea. Yo fui el único padre plenamente consciente de lo que Karlie estaba atravesando. Incluso cuando pasamos tiempo con el cuerpo de Karlie poco después que murió, Andrea estaba más dormida que despierta. Me hallé sentado en la habitación del hospital, con mi esposa básicamente inconsciente, y con una personita encantadora pero inerte en mis brazos. Sabía con certeza que Andrea no daría a luz a ningún otro hijo. No teníamos niños en casa, ningún pequeño al cual abrazar o con quien consolarnos. Durante esos minutos, sentado con gran tristeza abrazando el cuerpo inerte de mi hija, tuve un sentido abrumador de que Dios *me* estaba abrazando.

No estoy diciendo que tuviera alguna profunda revelación en esa hora. Simplemente tuve un gran sentido de paz que está más allá de cualquier cosa que pueda describir cómpletamente. No me derrumbé emocionalmente. Sabía que no tenía razón para hacerlo. Tenía esperanza muy adentro. También sabía que estas respuestas de paz y esperanza no eran mi mentalidad natural, sino más bien, obra del Espíritu Santo.

El personal del hospital nos permitió pasar una o dos horas con el cuerpo de Karlie. Durante ese tiempo, un pastor de nuestra iglesia llamó. Había estado en contacto con él y él sabía que Karlie había nacido y estaba grave, pero cuando llamó, no sabía que ella había muerto. Me escuchó mientras yo le explicaba cómo Karlie había empezado a desfallecer pocas horas antes de morir. Le dije que me habían permitido quedarme, literalmente, como a dos metros de su cama, incluso mientras el médico, el terapeuta respiratorio y varias enfermeras trabajaban intensamente para salvarla. También le dije que conforme Karlie se iba, yo tuve un profundo sentido en mi espíritu de que Dios tenía el control de todas las cosas, incluso todo lo que estaba teniendo lugar frente a mis ojos. En realidad, no pienso que oré en esos minutos; no sabía si hubiera algo que yo pudiera haberle articulado al Señor. Simplemente traté de absorber todo lo que podía de los minutos finales de mi hija en esta tierra, y muy hondo dentro de mí, sabía que Dios es soberano, y frente a esa permanente verdad, yo tenía gran calma.

Dos cosas han sido muy importantes para Steve y Andrea en el período que siguió a la muerte de sus dos preciosos bebés.

Steve dice: «Dios tenía a su gente en la unidad de cuidados intensivos neonatales (UCIN) para animarnos y consolarnos. Una de esas personas, un terapeuta respiratorio, había llegado a ser un buen amigo de manera especial. No pienso que fue un accidente que él haya sido el terapeuta respiratorio de turno la noche en que nació Andrew, la noche en que Andrew murió dos meses después, la noche en que nació nuestra hija Karlie o la noche en que ella murió. Andrea y yo le vemos como un tesoro providencial. Nos proveyó de consuelo singular porque es un hermano en Cristo de sentir similar.

»Dios también nos envió consuelo en forma de otros creyentes de nuestra iglesia. Una pareja que había perdido un hijo apenas un año antes nos ofreció gran consuelo y estímulo».

Algo que fue vital para Steve y Andrea fue la oportunidad de presentarles el evangelio a personas no creyentes luego de la muerte de sus hijos. Steve me dijo: «Estamos agradecidos a Dios porque nos ha mostrado en su gracia algunas de las cosas buenas que pueden resultar de la muerte de un bebé. Varias personas no creyentes vinieron a los cultos para nuestros hijos y en esos cultos oyeron el evangelio. Las muertes de nuestros hijos nos dieron varias oportunidades de responder a la pregunta común: "¿Cómo lograron ustedes atravesar esto?". Podemos responder con intrepidez, dando testimonio del amor y la gracia de Dios, ¡debido a que lo preguntan!».

Steve y Andrea están explorando la posibilidad de adoptar un bebé. Saben que sus dos hijos: Andrew y Karlie, están seguros en los brazos de Dios, eternamente seguros en su glorioso hogar celestial. Su esperanza es que se les permitirá criar a los hijos de otros, muy probablemente hijos de padres que no conocen la salvación del Señor, de modo que estos pequeños puedan crecer en disciplina y amonestación del Señor. ¡Qué tremendo ministerio puede ser la adopción!

¿Por qué le cuento la experiencia de Steve y Andrea? En parte porque su experiencia toca tantas de las respuestas a la pregunta: «¿Por qué tuvo que morir mi niño?».

Permítame considerar algunas de las respuestas un poco más directamente.

Vivimos en un mundo caído

Toda persona que vive en este mundo atraviesa por problemas en alguna medida. Esa es la consecuencia de la caída, el resultado natural de la naturaleza humana pecadora, y un mundo y una sociedad corrompidos por la iniquidad. El profeta Isaías declaró: «Y mirarán a la tierra, y he aquí tribulación y tinieblas, oscuridad y angustia; y serán sumidos en las tinieblas» (Isaías 8.22).

Incluso los que aman profundamente a Dios y le han servido con fidelidad toda su vida no están exentos de problemas. Los tiempos difíciles son inevitables (1 Corintios 7.28). Jesús les ratificó a sus discípulos: «En el mundo tendréis aflicción» (Juan 16.33). El Maestro lloró cuando vio a María y los amigos de su hermano Lázaro afligiéndose por la muerte de este último (Juan 11.35). Se afligió por la traición de Judas (Juan 13.21). El alma de Jesús estaba «muy triste, hasta la muerte» mientras oraba en el huerto de Getsemaní, vislumbrando el horror de estar separado del Padre al llevar los pecados del mundo (Mateo 26.38). El apóstol Pablo escribió: «Estamos atribulados en todo» (2 Corintios 4.8).

Sencillamente no podemos escapar de la crítica, la frustración, el desencanto, el dolor físico, el dolor emocional, la enfermedad, los maltratos, y a la larga, la muerte. Como cristianos también podemos esperar problemas debido solo a nuestra fe (Juan 15.20; 2 Timoteo 3.12).

Cuando los padres sufren la muerte de un hijo, una de las primeras preguntas que con toda probabilidad harán es: «¿Por qué mi niño tuvo que morir?». Puedo decirles por mis muchos años de pastorear que la pregunta es muy normal y natural; entiendo las razones por las que las parejas la hacen. Generalmente el énfasis al hacer esta pregunta es: «¿Por qué tuvo que morir *mi* niño?». Pero la verdad es que no hay una respuesta fácil a esa pregunta, y lo que podemos decir con certeza, por lo general no es muy consolador para los padres afligidos por el duelo. La respuesta empieza con el hecho de que la vida se caracteriza por la dificultad y la tristeza. Vivimos en un mundo caído. Vivimos en un mundo deteriorado por la enfermedad y el pecado. Varios aspectos del mundo químico, material, geofísico y biológico se han vuelto caóticos desde la caída. Los problemas nos llegan como parte de nuestra condición humana.

«Pero el Señor podía haber prevenido esto», puede responder un padre o una madre.

Sí. Dios es omnipotente. También es omnisciente. Como resultado, alguno de sus propósitos y planes no podemos saberlos de este lado de la eternidad. Dios puede haber permitido que un niño muera por razones que jamás se entenderán; razones que pueden incluir las vidas de los padres, las vidas de los hermanos y hermanas, la vida del niño mismo, la vida de otros desconocidos por los padres o el niño.

Hay una pregunta aun más potente que: «¿Por qué tuvo que morir mi niño?». Esa pregunta es: «¿Qué es lo que Dios desea que yo haga en medio de esta tragedia?». La pregunta de «¿por qué?» no tiene respuesta satisfactoria. La pregunta de «¿y ahora qué?» puede llevar a una persona de la aflicción por el duelo a la acción, de la pérdida a la sanidad, de la tristeza al gozo, y de los sentimientos de total devastación a sentimientos de propósito. «¿Por qué?» es una pregunta que mantiene a la persona mirando hacia atrás en el tiempo. «¿Y ahora qué?» es una pregunta que hace que la persona avance hacia el futuro.

Ocho propósitos de las pruebas y tragedias

Las Escrituras señalan por lo menos ocho propósitos detrás del por qué el Señor permite que las pruebas y tragedias surjan en nuestro camino. Esto puede ayudarle a encontrar significado y propósito de su difícil experiencia.

1. Para probar la fortaleza de nuestra fe. Las experiencias tristes nos dan un medio de hacer un inventario espiritual de nuestras propias vidas. ¿Nos revolcamos en el resentimiento, la amargura o la lástima de nosotros mismos cuando vienen los problemas? ¿O acudimos más y más al Señor y confiamos en él con dependencia y humildad crecientes? La respuesta nos dice algo de en qué punto estamos en nuestra fe y dónde necesitamos crecer.

En su omnisciencia, Dios conoce nuestros corazones. ¡Lo que él desea es que también nosotros conozcamos nuestros propios corazones! Al conocer nuestros propios corazones, entonces es nuestra responsabilidad arrepentirnos en los asuntos en que necesitamos arrepentirnos, confiar en Dios por su gracia de maneras en que no habíamos confiado previamente en él, y acudir a Dios con un espíritu humilde y dependiente, en lugar de orgulloso e independiente.

2. Para recordarnos que no debemos permitir que nuestra confianza en el Señor se convierta en arrogancia o autosatisfacción espiritual. Mientras más grandes son nuestras bendiciones, mayor es la tendencia a considerarlas como algo que nos hemos ganado o logrado, en lugar de verlas como una manifestación de la gracia de Dios. Pablo dijo que sentía que la razón primordial por la que le había sido dado «un aguijón en la carne» era para que no se «exaltarse desmedidamente» en su propia mente y su propio corazón (2 Corintios 12.7).

3. Para que dejemos de depender de las cosas del mundo. Las experiencias difíciles sirven para dirigir nuestros corazones y atención hacia las cosas que son verdaderamente eternas y que importan más en la vida. Los recursos materiales muy a menudo resultan ser inadecuados cuando golpea la tragedia. En ocasiones, ninguna cantidad de medicina, dinero o *cualquier cosa* hecha por el hombre puede influir entre la vida y la muerte. Somos llevados al punto de reconocer que solo los valores espirituales son duraderos. Todas las cosas que son verdaderamente importantes tienen su principio y su fin en Jesucristo.

4. Para llamarnos a la esperanza celestial. Mientras más ardua se vuelve una prueba y más tiempo dura, más anhelamos estar con el Señor y la plena redención de nuestros cuerpos y de toda la creación. Esperamos el cumplimiento de todo lo que él ha planeado y preparado. Pablo le escribió a la iglesia de la ciudad de Roma:

> Pues tengo por cierto que las aflicciones del tiempo presente no son comparables con la gloria venidera

que en nosotros ha de manifestarse. Porque el anhelo ardiente de la creación es el aguardar la manifestación de los hijos de Dios. Porque la creación fue sujetada a vanidad, no por su propia voluntad, sino por causa del que la sujetó en esperanza; porque también la creación misma será libertada de la esclavitud de corrupción, a la libertad gloriosa de los hijos de Dios. Porque sabemos que toda la creación gime a una, y a una está con dolores de parto hasta ahora; y no sólo ella, sino que también nosotros mismos, que tenemos las primicias del Espíritu, nosotros también gemimos dentro de nosotros mismos, esperando la adopción, la redención de nuestro cuerpo. Porque en esperanza fuimos salvos; pero la esperanza que se ve, no es esperanza; porque lo que alguno ve, ¿a qué esperarlo? Pero si esperamos lo que no vemos, con paciencia lo aguardamos. (Romanos 8.18–25)

Observe de nuevo la última línea del pasaje que antecede. Cuando tenemos esperanza, es más probable que perseveremos en hacer y creer esas cosas que sabemos que agradan al Señor. Esperamos tanto con anhelo como con perseverancia. Pablo también escribió estas alentadoras palabras:

Nosotros también creemos, por lo cual también hablamos, sabiendo que el que resucitó al Señor Jesús, a nosotros también nos resucitará con Jesús, y nos presentará juntamente con vosotros. Porque todas estas cosas padecemos por amor a vosotros, para que abundando la gracia por medio de muchos, la acción de gracias sobreabunde para gloria de Dios.

Por tanto, no desmayamos; antes aunque este nuestro hombre exterior se va desgastando, el interior no obstante se renueva de día en día. Porque esta leve tribulación momentánea produce en nosotros un cada vez más excelente y eterno peso de gloria. (2 Corintios 4.13–17)

Vez tras vez, padres que han perdido a un niño me han dicho que tienen un nuevo anhelo de estar con el Señor en el cielo a fin de reunirse con su hijo o hija. Poseen una mayor capacidad para resistir las adversidades de esta vida porque tienen una noción de la eternidad. Perseveran con mayor poder debido a que tienen una nueva esperanza de la gloria por venir.

5. Para revelar lo que realmente amamos. Abraham amaba de manera entrañable a su hijo. El Señor reconoció ese amor al llamar a Abraham y ordenarle: «Toma ahora tu hijo, tu único, Isaac, a quien amas, y vete a tierra de Moriah, y ofrécelo allí en holocausto» (Génesis 22.2). La disposición de Abraham de obedecer a Dios era no solo evidencia de su fe en Dios, sino también de su amor supremo por el Señor. Al hablar con sus discípulos la noche antes de la crucifixión, Jesús les dijo repetidas veces: «El que me ama, mi palabra guardará» (Juan 14.23; ver también Juan 14.15, 21).

¿Amamos a Dios más que a cualquier otro ser humano? ¿Amamos el propósito glorioso de Dios en el cielo para nuestro niño más que nuestros planes terrenales? Así es como Dios nos llama a amarle. ¿Amamos a Dios al punto de estar dispuestos a obedecerle en *todo*? Esto es lo que Dios nos llama a hacer. Las tragedias a menudo nos muestran si tenemos esta clase de amor por Dios.

6. Para enseñarnos a valorar las bendiciones de Dios. Nuestros sentidos nos dicen que valoremos aquellas cosas que nos dan placer y comodidad. Nuestra capacidad para razonar nos dice que valoremos las cosas que nos dan riquezas, posición y poder. Es mediante las pruebas que nuestra fe nos dice que valoremos las cosas espirituales de Dios: su Palabra, su cuidado, su provisión, su fortaleza y, sobre todo, su salvación.

El salmista, que había conocido tiempos de adversidad y tiempos de gran bendición, escribió:

> Porque mejor es tu misericordia que la vida;
> Mis labios te alabarán.
> Así te bendeciré en mi vida;
> En tu nombre alzaré mis manos.
> Como de meollo y de grosura será saciada mi alma,
> Y con labios de júbilo te alabará mi boca.
> (Salmos 63.3–5)

No hay nada más valioso que la amorosa bondad de Dios: su presencia con nosotros y el perdón que nos extiende tan misericordiosa y libremente.

Cuando perdemos a un niño, nuestro enfoque se aleja de los placeres y programas de este mundo hacia el gozo y orden celestiales. Nuestras prioridades caen en su lugar. Nuestros valores se reajustan para poner el énfasis apropiado en las cosas que son de Dios.

Nuestra respuesta a las bendiciones de Dios debe ser alabanza y agradecimiento continuos. El corazón agradecido es el «corazón que recuerda»; el corazón que alaba recuerda todo lo que el Señor ha hecho, está haciendo y ha prometido hacer.

7. Para que podamos soportar mejor las pruebas y dificultades futuras. No hace mucho oí de una mujer a la que diagnosticaron con cáncer dos años después que perdió a un niño. Entonces, mientras todavía estaba en tratamiento por el cáncer, sus padres murieron en un accidente automovilístico. Parecía que los problemas se amontonaban uno sobre otro en su vida.

Le dijo al pastor que la visitó en el hospital donde estaba recibiendo una ronda de tratamiento de quimioterapia: «No le tengo miedo a la muerte como lo tenía antes. No le tengo miedo al dolor o la dificultad física como lo tenía antes. Experimenté mucho más que ver a un niño morir por una enfermedad. Al observar a mi hijo quedar cada vez más y más delgado, y que parecía que sucumbía ante la muerte, vi que el Señor era cada vez más fuerte y más fuerte en mi vida. Él llegó a ser más poderoso y asombroso semana tras semana como mi Salvador, Redentor, Sanador y Señor. Mientras más oscuros se volvían los días conforme la enfermedad de mi hijo empeoraba cada vez más, más radiante brillaba el Señor en mi vida. Hoy él continúa brillando».

Luego continuó: «Me propongo recuperarme de esta enfermedad llamada cáncer, a fin de poder continuar siendo una madre para mis otros dos hijos. Me propongo vivir mi vida victoriosamente en Cristo Jesús hasta el día en que él me llame a casa. Pero si acaso me llamara más temprano que tarde, estoy lista para eso también. Él me ha mostrado su gracia y amor sustentadores, y continúa revelándome su gracia y amor todos los días. Le conozco de maneras que no le conocía hace pocos años. Tengo plena confianza en que él nunca me dejará ni me abandonará. Tan solo me sostendrá cada vez más fuerte en su abrazo eterno».

¡Qué hermoso y poderoso testimonio tiene esta mujer! Según resultó, sigue viva quince años después del tratamiento del cáncer. Su hijo mayor está siguiendo estudios posgraduados. Su hija mayor se ha casado y tiene una bebé. ¿Y adivinen quién está cuidando a esa pequeña mientras la madre vuelve a la universidad para terminar sus estudios? ¡Una abuela muy cariñosa y llena de fe! La presencia continua del Señor ha forjado a esta mujer en una columna de fortaleza mediante prueba tras prueba. Lo que me lleva a una octava manera en que las pruebas y tragedias producen algo bueno en nuestras vidas.

8. Para ayudarnos a desarrollar «una fortaleza duradera», de modo que podamos ser incluso más útiles en el reino de Dios. El escritor de Hebreos habla de hombres y mujeres piadosos «que por fe conquistaron reinos, hicieron justicia, alcanzaron promesas, taparon bocas de leones, apagaron fuegos impetuosos, evitaron filo de espada, sacaron fuerzas de debilidad» (Hebreos 11.33–34).

En casi todo caso de que tengo conocimiento personalmente, los padres que han perdido un niño han desarrollado un ministerio más fuerte y más eficaz para ayudar a otros padres que atraviesan tiempos difíciles con un hijo enfermo o que recientemente han perdido a un pequeño. Dios prepara a sus santos, en parte, mediante la experiencia. Es conforme confiamos en Dios en nuestras propias pruebas y tragedias que estamos mejor preparados para ayudar a otros a confiar en Dios.

La mujer de la que hablé arriba no solo ayuda a su familia y cuida a su nieta cada día, sino que encabeza el programa de visitación de su iglesia a los hospitales. Personalmente visita a los niños que están enfermos y en el hospital porque, como ella afirma: «Tengo algo que decirles a los padres. Ellos saben que mi fe es real. Saben que mi esperanza es genuina. No solo lo conocen por los pasajes bíblicos que les menciono y las oraciones que elevo, sino que lo saben por mi experiencia. Puedo decirles con gran confianza que Dios no falla, que nunca nos desilusiona y que nunca nos abandona en nuestras tristezas».

El apóstol Pablo les escribió a los corintios:

> Bendito sea el Dios y Padre de nuestro Señor Jesucristo, Padre de misericordias y Dios de toda consolación, el cual nos consuela en todas nuestras tribulaciones, para que podamos también nosotros consolar a los que están en cualquier tribulación, por medio de la consolación con que nosotros somos consolados por Dios. Porque de la manera que abundan en nosotros las aflicciones de Cristo, así abunda también por el mismo Cristo nuestra consolación. (2 Corintios 1.3–5)

No sé las razones precisas por las que Dios permitió que su bebé muriera, pero lo que sí sé es que si le permite a Dios hacer su obra en usted y por medio de usted, aprenderá unas cuantas lecciones eternamente valiosas y crecerá de maneras que son beneficiosas espiritual y eternamente. Le animo hoy a que:

Examine su corazón. Pregúntele al Señor cómo desea él que usted crezca en la fe. Si hay asuntos de los cuales necesita arrepentirse, hágalo. Si hay aspectos de disciplina espiritual personal en los cuales sabe que necesita crecer, ponga mayor énfasis en esas disciplinas en su vida. Aprópiese de la oración: «Creo, Señor. Ayuda mi incredulidad».

Ponga toda su confianza en el Señor. Pídale a Dios que le revele las maneras en que tal vez haya estado confiando en sus propios talentos y habilidades, su poder de razonamiento, su capacidad intelectual o su personalidad, en lugar de confiar en Dios. Haga suya esta oración: «Señor, ayúdame a confiar en ti en *todo* y en *todo* tiempo, independientemente de las circunstancias externas o las consecuencias».

Examine sus prioridades en la vida. ¿Está poniendo mayor valor en las cosas que realmente importan más? Haga suya esta oración: «Señor, ayúdame a ver mi vida como tú la ves y poner las cosas en el orden de prioridad que tú deseas».

Escoja la esperanza. Pídale al Señor que convierta su desilusión en aliento dándole oportunidades de expresar esperanza ante otros. Al expresar su esperanza en el cielo y su esperanza en que la gloria de Dios será revelada en toda la creación un día, usted se hallará animando. Haga suya la oración: «Señor, permíteme captar un vislumbre de todo lo que tú has preparado para mi niño y para mí en la eternidad».

Evalúe lo que más ama. ¿Ama a las personas o a las cosas? ¿Se ama a sí mismo o a otros? ¿Ama al Señor por quién es él, o por lo que espera que él haga por usted? Hágase a sí mismo un «chequeo de corazón». Haga suya la oración: «Señor, te amo. Ayúdame a amarte con un amor más puro, más profundo y más amplio. Ayúdame a mantener mis ojos en ti».

Ponga un nuevo énfasis en la alabanza y agradecimiento en su vida. Un corazón agradecido es un corazón que valora lo que Dios hace, lo que Dios provee, lo que Dios da y sobre todo, lo que Dios es. Es un corazón que a la vez reconoce y atesora las bendiciones *espirituales* que solo Dios puede dar. Haga suya la oración: «Señor, haz que ame lo que tú amas. Permíteme recibir todo lo que tú deseas darme. Haz que quede satisfecho con todo lo que tú eres».

Pídale al Señor que le haga más fuerte y más capaz de perseverar. Pídale al Señor que le dé valor para lo que le espera por delante. Haga suya la oración: «Ayúdame, Señor, a prepararme para lo que tú ya has preparado para mí».

Busque oportunidades para ministrar a otros. Pídale al Señor que le revele las maneras en que usted puede ayudar a otros necesitados, y que le dirija a quienes necesitan sus palabras de fe, amor y aliento. Haga suya la oración: «Señor, hazme una bendición para otros hoy».

¿Cómo debemos responder?

Todo padre o madre que pierde un hijo necesita darse tiempo para llorar por la pérdida de ese niño. No obstante, llega un momento en que la aflicción debe terminar. La Biblia nos dice que hay por lo menos cinco claves para que nuestro ser sane después de la muerte de un pequeño.

Gozo. En primer lugar, debemos *escoger* tener una actitud gozosa. El gozo no es algo que sentimos o no sentimos automáticamente. Muchas veces el gozo es una decisión que debemos tomar. Es una decisión que brota de la voluntad. Podemos escoger la actitud que vamos a tener. Podemos escoger si reírnos o fruncir el ceño. Podemos escoger si vamos a alabar o guardar silencio. Podemos escoger si vamos a expresar alegría a otros o expresar tristeza. Santiago escribió: «Tened por sumo gozo cuando os halléis en diversas pruebas» (Santiago 1.2).

«¡Pero yo no *me siento* gozoso!», tal vez diga usted. «¿No es hipocresía expresar lo que no se siente?».

No. Las Escrituras nos presentan el reto de *escoger* cómo nos vamos a sentir. Santiago no dijo: «*Sientan* sumo gozo»; lo que dijo es: «*Tengan* por sumo gozo». Debemos expresar con voz de alabanza y acción de gracias al Señor nuestra esperanza y alegría *primero*. Los sentimientos seguirán. El mundo espera sentimientos y después actúa. El cristiano está llamado a actuar primero, sabiendo que los sentimientos vendrán como consecuencia de la acción.

Paciencia. En segundo lugar, debemos *escoger* creer que Dios tiene un tiempo y un propósito para todas las cosas. Debemos escoger ser pacientes al esperar la revelación y el cumplimiento de los propósitos de Dios. Santiago escribió: «La prueba de vuestra fe produce paciencia. Mas tenga la paciencia su obra completa, para que seáis perfectos y cabales, sin que os falte cosa alguna» (Santiago 1.3–4).

Hay un viejo refrán que dice que el tiempo cura todas las heridas. Algunos viejos refranes sencillamente no son verdad. El tiempo puede hacer que un recuerdo doloroso se desvanezca un poco, pero *el tiempo* no sana. *Dios* sana. Nos sana, en parte, al confiar en que él es Dios en todas las cosas, todo el tiempo y para todos sus propósitos soberanos, algunos de los cuales tal vez no nos sean revelados a nosotros en esta vida. Debemos *escoger* ser pacientes para confiar en Dios de acuerdo con su calendario y de acuerdo con los métodos que él escoge.

Esta vida, y todo lo que nosotros conocemos como «tiempo», no es algo que siquiera podemos calcular en relación con la eternidad. Nuestra vida «es neblina que se aparece por un poco de tiempo, y luego se desvanece» (Santiago 4.14). Dios obra en el calendario de la eternidad. Sus propósitos son eternos. Debemos escoger ver las cosas desde su perspectiva lo mejor que podamos, y confiar en él para lo que no podemos ver y no podemos saber.

Sabiduría. En tercer lugar, debemos buscar sabiduría. Hay algunas cosas que tal vez necesitamos saber en cuanto a por qué murió un niño, a fin de aprender lecciones de consecuencias eternas. Hay algunas cosas que es sabio dejar a un lado al confiar en Dios.

Algunas situaciones quizá no tengan respuestas. Algunas soluciones tal vez no estén todavía disponibles. Algunos problemas pueden seguir siendo misterios. Pídale al Señor que le revele qué es lo que él desea que usted sepa, maneras especiales en las cuales él desea que crezca espiritualmente como resultado de su experiencia.

Lo más importante: pídale a Dios sabiduría con una plena expectativa de fe que él le dará sabiduría. Santiago nos dice:

> Y si alguno de vosotros tiene falta de sabiduría, pídala a Dios, el cual da a todos abundantemente y sin reproche, y le será dada. Pero pida con fe, no dudando nada; porque el que duda es semejante a la onda del mar, que es arrastrada por el viento y echada de una parte a otra. No piense, pues, quien tal haga, que recibirá cosa alguna del Señor. El hombre de doble ánimo es inconstante en todos sus caminos. (Santiago 1.5–8)

Una voluntad sumisa. Dios desea que siempre sometamos nuestras voluntades a su voluntad. Tal vez nada sea más difícil. Nuestra tendencia como seres humanos es querer ser el número uno. Es extremadamente difícil deponer el orgullo.

No obstante, las Escrituras nos dicen que Dios no puede hacer su obra perfecta y completa en nosotros y por medio de nosotros a menos que estemos dispuestos a someternos a su voluntad.

En Santiago 1.3–4, citado arriba, ser «perfectos» quiere decir ser plenamente desarrollados. Dios nos llama a la *madurez*. Esto habla de calidad de completo, o sea, ser completo o entero, sin que falte nada. Este es el plan de Dios para cada uno de nosotros.

He conocido a un buen número de mujeres que sencillamente no creen que puedan ser «completas» a menos que den a luz a un hijo. Su identidad, o sea, su sentido de valor y significado, va envuelto en ser capaces de tener un hijo. Al no concebir, no tener un embarazo hasta el parto, tener un hijo que nace muerto o que muere al poco tiempo de nacer, quedan devastadas más allá de toda medida. Muchas quedan inconsolables y cada vez más desesperadas por tener un hijo.

Tal mujer tiene que preguntarse con toda sinceridad: «¿Estoy apoyándome en el nacimiento de un hijo para que me haga completa o haga que me sienta completa? ¿Creo que dar a luz y ser madre me hará más madura a los ojos de otros y por consiguiente, digna del mayor respeto? ¿Creo que el hecho de dar a luz me ganará la admiración de otros?». El deseo de Dios para cada uno de nosotros, no solamente para las madres encintas, es que entendamos que él y solo él es el autor y consumador de nuestras vidas. Él es quien nos da nuestra identidad, nuestro valor y nuestro sentido de pertenencia. Solo Dios es quien nos hace completos y nos lleva a la madurez conforme a la imagen de Jesucristo.

En algunos casos la voluntad de Dios parece no ser que una mujer, o una pareja, tengan hijos físicamente; sino más bien, parece que su voluntad es que ellos adopten bebés que con urgencia necesitan un hogar cariñoso y cristiano. En otros casos la voluntad de Dios es que una pareja se dedique completamente al nacimiento *espiritual* de almas. El propósito de ellos es ganar almas o discipular creyentes antes que criar hijos.

Pregúntele al Señor lo que él quiere de usted, y luego sométase a la voluntad de Dios. Haga todo lo que pueda, y luego confíe en que Dios hará lo que es mejor para su realización, gozo y propósito últimos. Él lo ha creado con un propósito. Pídale que le revele ese propósito a fin de que usted pueda buscarlo con todo su corazón, mente y alma.

Un corazón que cree. Por sobre todo, el Señor nos pide que tengamos un corazón creyente en todas las situaciones y a pesar de todas las consecuencias. Dios nos llama a que confiemos en que él será generoso hacia nosotros y nos dará todas las cosas que son para nuestro beneficio, porque él «da a todos abundantemente y sin reproche» (Santiago 1.5–8).

El Señor sabe lo que usted necesita y desea que usted lo reciba. Sin embargo, en muchos casos, también requiere que usted le *pida* lo que desea; no para que Dios sepa lo que usted desea, sino para que *usted* conozca qué es lo que está deseando. Muchas veces en verdad no conocemos nuestro propio corazón sino hasta que expresamos verbalmente nuestros sentimientos, necesidades y anhelos.

Jesús dijo:

Pedid, y se os dará; buscad, y hallaréis; llamad, y se os abrirá. Porque todo aquel que pide, recibe; y el que busca, halla; y al que llama, se le abrirá. ¿Qué hombre hay de vosotros, que si su hijo le pide pan, le dará una piedra? ¿O si le pide un pescado, le dará una serpiente? Pues si vosotros, siendo malos, sabéis dar buenas dádivas a vuestros hijos, ¿cuánto más vuestro Padre que está en los cielos dará buenas cosas a los que le pidan? (Mateo 7.7–11)

Pídale al Señor lo que desea. Luego, esté dispuesto a creer que la respuesta que Dios le da es la que verdaderamente es mejor para usted. Dios tal vez no responda que «sí»; pero puede confiar en que si su respuesta es «no» o «no ahora» o «cuando se cumplan ciertas condiciones», esa respuesta es la mejor respuesta.

Busque lo mejor de Dios, y confíe en que Dios le dará lo mejor de él.

Cómo sanar

Al escoger vivir su vida con gozo, al escoger esperar pacientemente el cumplimiento de los tiempos de Dios en su vida, al escoger buscar sabiduría, al continuar sometiéndose al Señor y al confiar en Dios en todo, usted *será* sanado. Su corazón destrozado será restaurado. Su vida será integrada de nuevo. Usted podrá dejar a un lado las preguntas de «por qué». Podrá enfrentar el futuro con valor, fortaleza y fe más fuerte. Tendrá un sentido renovado de propósito y una fe mayor para compartir con otros.

Le animo a que eleve esta oración hoy:

Señor, ayúdame a expresar el gozo que es propio del creyente. Ayúdame a confiar en ti en cuanto al momento propicio de mi vida y de las vidas de mis seres queridos. Ayúdame a tener una perspectiva más eterna de lo que me sucede a mí y a mis seres queridos. Ayúdame a aprender y a descubrir qué es lo que tú quieres que yo sepa. Dame tu sabiduría. Ayúdame a someterme a tu voluntad y a hacerlo por completo, en todo aspecto de mi vida. Ayúdame a confiar en que tú conoces lo que es mejor para mí. Tú deseas obrar lo que es mejor para mi vida, y estás haciendo que todas las cosas obren para mi bien eterno y el bien eterno de mis seres queridos. Te pido esto orando con fe, Señor. Espero las respuestas que me darás, ya que te lo pido en el nombre de Jesús. Amén.

OCHO

¿Cómo ministraremos a los afligidos por el duelo?

ALGUNOS PADRES QUE HAN PERDIDO INFANTES ME HAN CONTADO, con el correr de los años, que recibieron consejo maravilloso, sabio y santo después que sus niños murieron. Sin embargo, otros me han contado que recibieron consejo muy malo o débil. En algunos casos, lo que la gente dijo o hizo solo aumentó su dolor y confusión. En este capítulo quiero describirle el tipo de ministerio que espero que usted buscará en su pérdida. Sabiendo que el Señor con toda probabilidad lo llamará a que ministre a otros en el futuro, también quiero ayudarle de una manera muy práctica a que llegue a ser capaz de dar consejo maravilloso, sabio y piadoso a otros. Permítame empezar contándole la experiencia de una mujer llamada Lisa.

Lisa se despertó con cólicos. Lo primero que pensó fue en una *indigestión*. Sabía que estaba embarazada, apenas de unos tres meses, pero no relacionó los cólicos con su embarazo. No había sentido tales espasmos en su abdomen en su primer embarazo, y rápidamente concluyó que su problema era intestinal. *Esa comida italiana de anoche estaba bastante picante*, pensó y volvió a dormirse. Tomó dos píldoras que el médico le había recetado como «seguras durante el embarazo» en caso de que tuviera indigestión, lo que parecía haber sido bastante frecuente desde el nacimiento de su hijo dos años antes. Se sentía agradecida porque su hijo había pasado la noche en casa de la abuela; un regalo especial de su madre de modo que ella y su esposo pudieran «salir una noche».

Tres horas más tarde Lisa se despertó de nuevo, esta vez con cólicos intensos. Supo que algo andaba seriamente mal. En extremo débil, a duras penas pudo llegar al teléfono para llamar a su esposo en el trabajo. Él voló a casa, la recogió, la puso en el asiento trasero del auto y de inmediato se dirigió al hospital. En menos de una hora, ella y su esposo oyeron cuatro palabras que jamás se habían imaginado que oirían en sus vidas: «Perdieron a su bebé».

Llevó varias horas de asesoramiento de parte de una enfermera del hospital para que Lisa encontrara algo de paz en cuanto al hecho de que incluso si ella hubiera tenido los cólicos en el hospital, nada se podía haber hecho para impedir el aborto espontáneo del niño.

Dos días más tarde, Lisa fue a ver al médico y se sintió reconfortada cuando él le dijo que con toda probabilidad ella podría concebir de nuevo y tener otro hijo, pero que esperara un tiempo. Sin embargo, no sintió nada de consuelo en lo que una enfermera del consultorio del médico le expresó. Esta enfermera en particular no era parte del personal regular; estaba allí por unos días porque las enfermeras regulares estaban de vacaciones, no podían ser reprogramadas o se encontraban enfermas. La enfermera sustituta le dijo: «Querida, tuviste una bendición. Lo que perdiste no fue realmente un bebé, era solamente una masa de tejido. Y evidentemente algo andaba mal con él. Podías haber tenido un bebé muy deformado si no hubieras perdido ese tejido».

Lisa quedó profundamente inquieta por los comentarios de la enfermera. ¿Se trataba de un instinto maternal mal colocado lo que la hacía sentir tal sentido de pérdida? ¿Era indebido su profundo sentido de aflicción por el duelo? Lejos de que las palabras de la enfermera la consolaran, Lisa retrocedió ante la noción de que ella y Greg hubieran perdido nada más que una «masa de tejido». El pensamiento de reducir su pérdida tan a la ligera solo aumentó el dolor de su corazón.

Más tarde le expresó a Greg sus sentimientos. Aunque él había tratado de ser fuerte y estoico a fin de respaldar a su esposa en toda la odisea que atravesaron, lloró con ella cuando Lisa le contó lo que la enfermera había dicho. A él le pareció cruel e insensible que alguien tratara de aplacar la aflicción por la pérdida que ellos sentían negando que el niño nonato fuera siquiera una verdadera persona.

Juntos, Lisa y Greg buscaron el consejo de su pastor. Él les recordó varios principios importantes:

1. El niño que murió era una *persona con un alma*, independientemente de la edad del niño en el momento de su muerte. Fue creado por Dios con un propósito específico que

solo Dios sabe. Tiene un destino eterno y vive hoy en la presencia de Dios el Padre.

2. Nosotros que estamos vivos y seguimos en esta tierra tenemos la responsabilidad de confiar en Cristo, vivir por él y ser evangelistas fieles a los amigos y seres queridos. Mientras tanto, con gran anhelo esperamos el momento en que nos reuniremos con este niño en el cielo.

3. Dios es soberano y perfecto en todo lo que hace y es. Debemos reconocer que en muchas situaciones no podemos saber por completo sus propósitos o planes. Pero podemos confiar en que sus propósitos y planes son *perfectos*. En ocasiones necesitamos recordar las palabras del Señor para nosotros en Isaías:

> Porque mis pensamientos no son vuestros pensamientos, ni vuestros caminos mis caminos, dijo Jehová. Como son más altos los cielos que la tierra, así son mis caminos más altos que vuestros caminos, y mis pensamientos más que vuestros pensamientos. (Isaías 55.8–9)

4. Necesitamos recordar que Dios no solo es capaz de sanar un corazón destrozado, sino que se deleita en sanar corazones rotos y en restaurar vidas destrozadas. Él puede infundir de nuevo en nosotros un entusiasmo por lo que queda por delante. Él quiere que vivamos con gozo renovado y con la esperanza de la vida eterna. Él quiere que aceptemos por completo los planes y propósitos que tiene para nosotros en la vida que nos resta en esta tierra.

5. Por último, debemos consolarnos grandemente con el conocimiento de que este pequeño está en el cielo, en la

presencia de Cristo, disfrutando de todas las maravillas de ese glorioso lugar, libre de todos los problemas de esta tierra, morando en perfecta bendición, rodeado de amor perfecto, y amando y adorando a Cristo perfectamente a su vez.

Ciertamente debemos darles a los padres afligidos un hombro sobre el cual llorar y tiempo para hacer duelo por su pérdida. A veces, necesitamos estar presentes en silencio con ellos, simplemente «allí» para ellos, compartiendo su tristeza (Romanos 12.15). No debemos ser frívolos ni chanceros en un esfuerzo por levantarlos de su tristeza, pero al mismo tiempo necesitamos ser de los que animan y somos fuertes en nuestra propia fe. Necesitamos guiar a los padres afligidos hacia el amor de Dios y su misericordia, su gracia y soberanía, sus retos y sus mandamientos que nos dirigen hacia el futuro, no al pasado.

Reconozca la pérdida

Tal vez la más grande injusticia que podemos hacerle a un padre o una madre afligidos por el duelo es guardar silencio en cuanto a la pérdida que han atravesado. El silencio hace poco para sanar. En muchos casos, negarse a hablar o reconocer una pérdida puede hacer que el padre o la madre sienta culpabilidad o vergüenza innecesarias.

«La esposa de un pastor simplemente no debería perder un bebé». Eso fue lo que dijo Flo después que perdió a su hijo apenas a los dos meses y medio de embarazo, a decir verdad, la semana después de que se enteró de que estaba encinta. El esposo de Flo era un hombre que predicaba un firme mensaje de fe que puede conquistar todos los problemas de la vida. Flo se sentía culpable, creyendo que de alguna manera ella le había «fallado» a su esposo y a la verdad del evangelio. Por su parte, su esposo nunca les mencionó a otros el hecho de que ella había estado encinta, que había perdido el niño mientras él estaba de viaje predicando en una campaña en otra iglesia de otro estado, o si había razón alguna para que ella se sintiera culpable o con remordimiento por esta pérdida en su vida.

Flo les había hablado solo a sus padres y a una amiga en cuanto a su embarazo. En lugar de decirles que había sufrido un aborto espontáneo, les dijo con el tono más alegre que pudo expresar: «Fue una falsa alarma. ¡No hay que pensar en ropa para bebé!».

Flo guardó silencio en cuanto a su embarazo y su pérdida. Nunca mencionó en público la experiencia. Igualmente nunca les dijo a sus otros dos hijos que había estado encinta. Fue solo años después, cuando Beth, su hija ya adulta, perdió su tercer hijo debido a un aborto espontáneo, que Flo le contó que ella había atravesado la misma experiencia. Madre e hija se sintieron aun más cerca en el vínculo de las lágrimas y la pérdida que compartían. Flo también animó a Beth a tomar un enfoque muy diferente del que había seguido ella.

«Habla de esto con tu esposo y tus amigas», le aconsejó Flo. «Tómate tiempo para lamentar la pérdida de este pequeño».

Flo le confesó a su hija: «En realidad nunca lloré la pérdida de mi bebé. Mi aborto espontáneo fue una vergüenza para mí. Sentía que le había "fallado" a Dios y a tu padre de alguna manera. Fue solo el año pasado cuando llegué a darme cuenta de que el bebito que perdí está vivo en el cielo. Ese niño tiene una identidad completa como hijo de Dios y algún día veré de nuevo a ese pequeño. De muchas maneras tengo gran paz y gozo, algo que no he tenido por más de treinta años, porque esa parte de mí ya está en el cielo».

Flo sonrió levemente al decirle a Beth: «Le puse Terry a ese bebé, porque bien podría ser nombre de niño o niña».

¿Por qué Terry? «Porque», explicó Flo, «todavía tengo que tardarme algún tiempo en esta tierra antes de que llegue a estar con este niño».

Flo no es diferente de muchas mujeres, especialmente de su generación, que piensan que han fallado debido a que tuvieron un aborto espontáneo. La verdad más grande de las Escrituras es que *toda* vida está en las manos de Dios, y que él es el autor y consumador de toda obra que él ordena. Como ya mencioné, muchos padres hoy creen que ellos «crean» a su hijo. Nada pudiera estar más lejos de la verdad. Ciertamente ellos fueron parte de un proceso que Dios utilizó, pero solo Dios crea vida.

Flo sintió gran sanidad de sus emociones cuando pudo hablar libremente acerca de la pérdida que había experimentado. Ella y Beth pudieron afligirse juntas por la pérdida del bebé de Beth, que era nieto de Flo. Al compartir su aflicción por la pérdida se hallaron también compartiendo su amor. Esto es cierto en la mayoría de las situaciones: la aflicción compartida se vuelve un vínculo de amor compartido.

Una pérdida para toda la comunidad

Quiero contarle otro episodio porque cubre muchas de las cosas maravillosas que podemos hacer como hermanos en Cristo a favor de los que han sufrido la muerte de un niño.

Dan y Pamela, dos miembros de nuestra iglesia, me escribieron de forman elocuente de la vida y muerte de su infante, Ryan. Cada uno escribió acerca de su experiencia y quiero compartir con usted ambas cartas. Esto es lo que Dan escribió desde su perspectiva como padre:

«Despiertos o dormidos vivimos juntos con él». Estas son las palabras talladas en bronce en la lápida de mi hijo. Son la esperanza inconmovible y el consuelo de mamá y papá.

Ryan murió en mis brazos hace seis años. Lo abracé y besé hasta que dejó de respirar. El personal médico del Hospital Infantil hizo todo un esfuerzo heroico para salvarle la vida. Sin embargo, no pudo sobrevivir al trauma de la cirugía intestinal. Su corazón simplemente se rindió.

Ryan alegró la tierra por siete días. La conexión de mi esposa con él fue más larga y mucho más profunda. Ella lo llevó en su vientre por treinta y cinco semanas hasta el parto.

Sin entrar en mayores detalles, Ryan nació sano. Aunque pequeño, pesaba menos de kilo y medio, sus pulmones estaban desarrollados y respiraba sin ayuda. Una infección intestinal en el sexto día cambió esta perspectiva. Nuestros corazones se sintieron contrariados en las siguientes cuarenta y ocho horas conforme su condición al parecer se estabilizaba y luego empeoraba repetidas veces en lo que algunos pudieran considerar un ritmo cruel. Al final, Ryan fue librado de una vida difícil y escoltado hasta la presencia de Dios.

La voluntad de Dios en el sufrimiento a menudo queda velada en el misterio. Nos regocijamos porque él nos permitió percibir el bien que resultó de la breve vida de Ryan. Yo me vi frente a frente a estas verdades inalterables:

Primero, me vi frente a frente a la realidad de que solo Dios es soberano. Yo no lo soy. Él controla cada aspecto de mi futuro, desde la salud de nuestra familia hasta nuestro nivel de vida. Yo no. Como hombre, es fácil sucumbir al «mito del control» y a un sentido de importancia exagerada. No obstante, cualquier integridad, intelecto, determinación, creatividad o persuasión de mi parte, no pudo dictar algún resultado aquí. Yo no tenía ningún control. Dios lo tenía.

Segundo, Cristo y su Palabra son suficientes. Como el salmista prometió: «En la presencia de Dios hay plenitud de gozo». Su Palabra y sus promesas son confiables. Aunque nuestra fe fue probada, nuestro Padre celestial fue hallado fiel. Su gracia demostró ser suficiente. En nuestra debilidad, su amor y paz nos envolvieron. La mente de Cristo mantuvo a raya la amargura o lástima propia para que no socavara nuestra comunión con Dios y uno con el otro. Cualquier paz o fortaleza que demostramos fue solo función de la gracia de Dios en nuestras vidas. Nuestro gran Dios de consolación nos acunó.

Tercero, esta prueba nos permitió disfrutar del amor incontenible del cuerpo de Cristo. La perspectiva, la presencia y el amor del pastor MacArthur y amigos cristianos nos alcanzaron profundamente. Se nos amó de muchas maneras tangibles. Para nuestro gran gozo, esto no pasó inadvertido para nuestros amigos y familiares no salvos.

Cuarto, el evangelio avanzó debido a la vida de Ryan. El amor de Dios y «su paz que sobrepasa todo entendimiento» fueron reales y se exhibieron. Esto nos dio consuelo puesto que la muerte de Ryan proveyó una base para hablar de la verdad y el amor de Dios. El mensaje del evangelio fue presentado con claridad en el culto fúnebre de Ryan y en muchas conversaciones íntimas.

Finalmente, el cielo es más real para nosotros. El cielo ya no es un concepto vago o un destino misterioso. Anhelamos el día de comunión con Cristo y de reunión con Ryan.

Y esto es lo que Pamela escribió sobre la misma experiencia; qué mensaje más tierno del corazón de una madre afligida por el duelo:

Cuando nuestra hija Megan Hannah tenía diez meses, supimos que nuestro segundo hijo venía en camino. Estábamos felices de que nuestra pequeña familia fuera aumentando en número. Desde el mismo comienzo de mi embarazo, recuerdo que le decía a Danny que sentía un abrumador sentido de que el Señor iba a poner nuestra fe a prueba: «Pienso que vamos a atravesar la prueba más grande de nuestras vidas». Cómo y a qué grado no lo sabía. El Señor estaba preparándonos incluso en esas primeras semanas.

Tenía cuatro meses de embarazo cuando nuestra prueba empezó a desenvolverse. Mi primer ultrasonido mostró algo inconsecuente, y mi médico me envió a un especialista de ultrasonido en el Instituto de Genética para un ultrasonido más detallado. Quedé aterrada. Llamamos a familiares y amigos pidiendo oración. La cita llegó y el ultrasonido confirmó que un poco más de la mitad de mi placenta había dejado de funcionar por completo. El cordón umbilical no estaba proveyendo suficiente nutrición, ni sangre, ni oxígeno para que nuestro bebé prosperara. Nuestro niño estaba grotescamente subdesarrollado.

Soportamos el asesoramiento en genética con un especialista, que fue espeluznante. Se suponía que debía ser útil e informativo. Nos aconsejó en cuanto a nuestras «opciones» y de manera insulsa nos explicó que nuestro bebé corría un alto riesgo de lo que parecía algo así como toda enfermedad imaginable y prolongada que requeriría cuidado extensivo: espina bífida, fibrosis quística y así sucesivamente. Las probabilidades eran que nuestro pequeño muriera antes de nacer, al nacer o poco después. Las estadísticas eran increíblemente altas en ese sentido.

Mi médico me envió a casa con reposo absoluto y solo me permitía ducharme por la mañana y usar el baño según lo necesitara. Salía de casa solo para ir a la cita con el médico. Tuve que apoyarme en un complicado horario de amigas que venían por turnos para cuidar todas las cuestiones prácticas relativas a mi hija y mi casa.

Cada visita al especialista era una respuesta a la oración y otra oportunidad de aferrarnos a Dios en oración. Nuestro pequeño, según se supo, pasó de tener un agujero en el corazón a no tener ningún agujero; de tener agua rodeando su cerebro a no tener nada de agua rodeándolo; de no tener ninguna tasa de crecimiento a no tener espacio para crecer; de tener reducido el flujo de sangre, oxígeno y nutrición a tener flujos aumentados; de tener niveles de fluidos anormalmente bajos a tener justo el nivel preciso. Estos son unos pocos ejemplos de cosas serias que se presentaban cada vez que íbamos a ver al médico. El especialista siempre se quedaba perplejo ya que no entendía por qué estas cosas se aclaraban. ¡Nosotros sabíamos por qué y aprovechábamos la oportunidad para explicárselo! Nuestro Dios era más grande que cualquiera de las anormalidades físicas que enfrentábamos cada vez que íbamos a ver al especialista. Fervientemente llevamos ante el Señor todo detalle por minúsculo que fuera, y para cuando teníamos que ir a nuestra próxima cita, Dios ya había hecho su obra. Nos cerciorábamos de que fuera un testimonio de la obra de Dios y no algo que hubiéramos hecho por cuenta propia. No era «suerte»; fue Dios interviniendo en cada pequeño detalle del entretejido de nuestro hijo.

Lentamente empezamos a darnos cuenta de las oportunidades que Dios estaba poniendo ante nosotros para hablarles de Cristo a aquellos con quienes teníamos contacto y ser un buen testimonio de la obra de Dios en nuestras vidas. Nuestras vidas de oración nunca fueron más fuertes mientras ambos orábamos por nuestro pequeño y por lo que Dios tendría para él y para nosotros.

El reposo en casa se convirtió en reposo en cama en el hospital. Se me conectó a toda máquina, me monitoreaban cada quince minutos las veinticuatro horas del día, y me embutían hasta cinco mil calorías al día. También recibía inyecciones regulares de esteroides para impulsar el desarrollo de los pulmones de nuestro hijo. Me hacía falta mi familia; echaba de menos ser esposa y madre.

Después de algo más de tres semanas en el hospital, los médicos determinaron que Ryan corría más riesgo al estar en el vientre que al nacer, así que era tiempo para una cesárea. ¡Y así fue! Se habían elevado muchas oraciones y era tiempo para ver lo que el Señor tenía para nosotros. Mi fecha original era para el 15 de abril, y nuestro hijo, Ryan James, nació el 11 de marzo de 1996. Era la cosa más diminuta, pesando solo algo así como kilo y medio, y midiendo menos de 40 centímetros. Rindió muy bien en sus pruebas Apgar y se le consideró un «bebé bien prematuro». Estuvo en la UCIN respondiendo bien y yo me recuperaba de la cirugía. Sentimos alivio emocional, mental y espiritual. El Señor nos había cuidado en todos estos altibajos, y ahora teníamos al pequeño Ryan James que vendría a casa en un mes. Estábamos tan increíblemente agradecidos a nuestro Señor por traer a nuestro pequeño a este mundo. Ryan era pequeño, pero estaba sano. Era nuestro bebé milagro. Tantas oraciones contestadas, tanto crecimiento espiritual y confianza en el Señor; ¡era realmente asombroso! Nos sentíamos bendecidos. Nuestra prueba finalmente parecía haber pasado.

Yo fui del hospital a casa mientras Ryan permanecía en la unidad de cuidados intensivos. El 17 de marzo, la médico de la UCIN a cargo del pequeño Ryan llamó y nos pidió que fuéramos al hospital. Dijo que necesitaba vernos de inmediato. ¿Qué podía marchar mal? Nos dijo que Ryan tenía enterocolitis necrotizante con perforación (ECN), una infección bacteriana intestinal. Nuestro encantador hijito estaba muy enfermo. Nos estremecimos hasta la médula. Se suponía que nuestra prueba había pasado, y allí estábamos recibiendo la noticia de que nuestro hijo necesitaba una cirugía de emergencia tan severa que ni siquiera podían realizarla allí. Lo estabilizaron varias veces hasta que finalmente pudieron transportarlo al Hospital Infantil. Explicaron que iban a tener que remover la mayor parte de su intestino grueso y parte de su intestino delgado. La infección bacteriana era gangrenosa y se extendía rápidamente.

Operaron a Ryan, pero fue demasiado para su cuerpecito de kilo y medio, y murió por un paro cardíaco con hemorragia pulmonar. Ryan murió en los brazos de su papá el 18 de marzo de 1996. Tenía una semana.

Recuerdo que alguien dijo que fue bueno que falleciera antes de que yo pudiera haberme apegado a él. No podía creer lo que estaba oyendo. Tal pensamiento era ridículo. Toda mi vida por los pasados cuatro meses había girado alrededor de Ryan. Sabía cada vez que se movía en mi vientre. Su vida empezó mucho antes de que él siquiera hubiera llegado a este mundo. Él no había estado conmigo simplemente por una semana; había estado conmigo por meses.

En todos estos meses sentí como si nuestra fe estuviera siendo probada hasta lo sumo. A veces no sabía a quién acudir. Después que Ryan murió, me preguntaba si me volvería loca. ¿Qué me impidió que cayera al precipicio?

La Palabra de Dios se nos hizo real una y otra vez. La gracia de Dios fue y es suficiente. Dios fue y es fiel a sus promesas. Tres versículos fueron de especial consuelo para nosotros:

- Bástate mi gracia; porque mi poder se perfecciona en la debilidad. (2 Corintios 12.9)
- Cercano está Jehová a los quebrantados de corazón. (Salmos 34.18)
- Es verdad que ninguna disciplina al presente parece ser causa de gozo, sino de tristeza; pero después da fruto apacible de justicia a los que en ella han sido ejercitados. (Hebreos 12.11)

A veces, e incluso ahora, se me partía el corazón, y mi tristeza se ahondaba. Aun así, sabía muy dentro que Jesucristo nos *amaba* y que él sabía por qué permitió que esto sucediera. Insistía en recordarme a mí misma: «No que lo haya alcanzado ya, ni que ya sea perfecto; sino que prosigo, por ver si logro asir aquello para lo cual fui también asido por Cristo Jesús» (Filipenses 3.12). Creía que Dios estaba haciendo su obra de refinado en nosotros. Él estaba ampliando nuestra capacidad para ministrar a otras familias. Dios sabía que podíamos soportar. Confiaba en su Palabra: «Y sabemos que a los que aman a Dios, todas las cosas les ayudan a bien, esto es, a los que conforme a su propósito son llamados» (Romanos 8.28).

La revelación más asombrosa fue que la Palabra de Dios era real. La Biblia ya no era simplemente palabras; ¡ellas cobraron vida! Nos apropiamos de ellas y nos apoyamos en ellas. Sabíamos que la Palabra de Dios es «viva y eficaz» (Hebreos 4.12). Nosotros lo habíamos vivido. La gracia de Dios *era* suficiente. Él nos había sostenido. Él nos había consolado. Él había hecho provisión para nosotros. Él nos había cuidado. Él en efecto nos amó. Él fue bueno con nosotros. Él sabía exactamente lo que podíamos soportar, y no nos dio nada más, ni nada menos.

Desde una perspectiva terrenal, la pérdida de un niño probablemente es lo peor que le puede suceder a una familia. No obstante, conocer al Señor en esto ha traído bendición y propósito.

Puedo decir que esto es una bendición por varias razones.

Primera razón: sabemos con certeza, sin lugar a dudas, que Ryan está con Cristo y que nos reuniremos con él por la eternidad. Nuestra vida aquí es un punto en una línea interminable de tiempo. Nuestro tiempo aquí sin él ni siquiera se compara a una eternidad reunidos con él. Todavía tenemos que estar de rodillas por nuestras tres hijas que Dios nos ha confiado. Megan ha tomado la decisión seria de seguir a Cristo, tiene una clara comprensión del pecado, del perdón de Dios y de lo que necesita hacer ahora que cree en Cristo. No sabemos con certeza en cuanto a nuestras otras dos hijas menores. Las vidas de ellas todavía están por delante, y es nuestro más profundo deseo que todas ellas crezcan y lleguen a conocer y amar a Jesucristo.

Segunda razón: esta experiencia ha sido una bendición para nosotros porque tenemos una esperanza y comprensión renovadas acerca del cielo. El cielo es mucho más dulce porque Ryan está allí. Mi deseo de estar en el cielo es mucho más intenso. El cielo, a mi modo de ver, está justo a la vuelta de la esquina. No puedo esperar llegar allá.

Tercera razón: esto fue una bendición porque muchos amigos nos ministraron de muchas maneras tangibles. Su ayuda fue un testimonio del amor, el cuidado y la preocupación de Dios hacia nosotros. El cuerpo de Cristo en acción es verdaderamente asombroso; su bondad nos dejó pasmados. Los amigos nos cuidaron de tantas maneras prácticas, desde proveer comidas hasta cuidar a las niñas, y también de maneras espirituales al orar por nosotros y estar a nuestro lado, y lo hicieron por un período grande de tiempo. Esto fue un gran regalo de amor.

Cuando oímos que alguien ha perdido un bebé, entendemos su dolor. Y no es fácil porque nos vemos confrontados con nuestro propio dolor otra vez. Sin embargo, tenemos oportunidades de ayudar a otras familias ante la muerte de un pequeño. A menudo, no se dicen palabras. Simplemente el hecho de que nos vean todavía funcionando y amándonos el uno al otro es un testimonio para ellos de que Dios nos ha llevado a través de esta experiencia y de que lo que él ha hecho por nosotros, puede hacerlo y lo hará por ellos si solo confían en él.

Diez meses después que Ryan murió, sufrí un aborto espontáneo. Un mes más tarde, supimos que esperábamos otra hija: nuestra preciosa Lauren Marie. Sufrí otros dos abortos espontáneos antes que el Señor nos trajera a Taryn Reece. Cada embarazo tuvo sus propias pruebas, pero en todos ellos puedo decir: «¡A Cristo sea la gloria... amén!». Nuestra dependencia del Señor y nuestra relación con él han crecido mucho.

Dan y Pamela tienen siete hijos; tres en esta tierra, sus preciosas hijas. Saben que tienen un hijo llamado Ryan James en el cielo. Pero también tienen otros tres en el cielo: los preciosos bebés que fueron concebidos y que no sobrevivieron al embarazo. ¡Qué gozosa reunión le espera a esta familia!

Permítanme destacar varias cosas de las cartas escritas por esta amada pareja.

Presencia. Primero, los amigos cristianos estuvieron muy «presentes» para Dan y Pamela. Estuvieron presentes en sus vidas de manera muy práctica: ayudando a cuidar a la niña, trayendo comida y atendiendo la casa.

La Palabra de Dios. Segundo, la verdad revelada en la Palabra de Dios fue una fuente vital de fortaleza para ambos padres. ¡Es una fuente de fortaleza para todos los que acuden a ella en tiempo de necesidad!

Sea intrépido al compartir palabras de las Escrituras a los que están afligidos por el duelo. No tiene que predicar un sermón. Pero puede decirle a un padre o una madre: «Hallé un versículo bíblico particularmente alentador y pensé que pudiera serte útil»; luego diga un versículo de aliento acerca de la presencia permanente de Dios.

Esperanza del cielo. Tercero, la esperanza del cielo fue y es muy real para Dan y Pamela. ¡Qué maravilloso cuando los cristianos pueden hablar del cielo entre ellos! Mucho del aguijón de la muerte queda eliminado cuando hablamos del amor de Jesucristo y las glorias del cielo. Ayude con bondad y compasión a los padres afligidos por el duelo a reenfocar su pensamiento de la pérdida a lo que saben que es ganancia de su hijo.

Oración. Cuarto, sea intrépido en orar por sus amigos afligidos y con ellos. Llévele al Señor la aflicción de ellos. Pídale que sane sus corazones, que renueve su fortaleza y que los llene del amor y el consuelo del Espíritu Santo.

Ánimo. Finalmente, anime los pasos que sus amigos o seres queridos afligidos por el duelo dan para alcanzar a otros necesitados. Agradézcales por contar lo que el Señor les ha enseñado mediante su experiencia. Présteles un oído atento cuando le cuentan su testimonio. Permítales que le cuenten su experiencia con tantos detalles como deseen; de muchas maneras tal vez estén repasando con usted lo que será un mensaje verdaderamente evangelizador o edificante para alguien en profunda angustia en un futuro no muy distante. Anime sus esfuerzos por intervenir en la vida de otros necesitados o que están atravesando un tiempo de crisis. Es como si al alcanzar a otros, mucho de su sanidad tendrá lugar y hallarán propósito renovado en sus vidas.

No sea renuente para interesarse en la vida de una persona que ha perdido un niño, aun cuando usted mismo no haya tenido tal experiencia.

Un oído atento, un corazón amoroso y expresiones cariñosas de aceptación y consuelo *siempre* son bienvenidos en tiempo de pérdida. Incluso si solo dice: «Lo lamento y te quiero mucho», usted habrá dicho bastante.

Dios nos llama a ministrarnos su presencia los unos a los otros, y no hay mejor tiempo para esto que cuando un padre o una madre ha perdido un hijo. Si usted ha perdido un niño, permita que otros le ministren. Si conoce a alguien que ha perdido un hijo, acérquese a esa persona con el amor del Señor. Confíe en que Dios le mostrará lo que él quiere que usted diga, haga u ore.

NUEVE

Permítame orar con usted

Sɪ usted es un padre afligido por el duelo hoy, le invito a elevar esta oración conmigo:

Padre, gracias por tu Palabra, cuya longitud, amplitud y altura cubre todos los asuntos de la vida. Gracias, Padre, por la confianza que nos das en tu Palabra respecto al destino eterno de nuestros pequeños que mueren.

Te agradezco, Señor, por la vida del pequeño que nunca vio la aurora de su nacimiento. Te agradezco por los que han vivido por horas, días, meses o incluso años, y luego han sido llevados al cielo. Te agradezco por todos los niños que han pasado por este mundo sin siquiera conocer la mancha o carga del pecado, la incredulidad y las obras malas.

Gracias por tu compasión por los pecadores. Gracias por salvar a este pequeño que no tuvo la capacidad de arrepentirse de su naturaleza pecadora y de creer en Jesucristo. Gracias por recibir a este pequeño en tu misericordia.

Por tu gran gracia y rescate de este pequeño, verdaderamente te damos nuestras gracias y te alabamos.

Sana los corazones de estos padres, Señor, mientras lloran la pérdida de su pequeño. Convierte su tristeza en alegría conforme aceptan la verdad de que su niño está seguro en tus brazos, ahora y para siempre. Dales un entendimiento renovado de tu gran plan y propósito para toda vida que has permitido que sea concebida. Dales una esperanza renovada del cielo y una confianza renovada en tu Palabra y en tu presencia con nosotros en todo momento, en toda situación, e incluso ahora en su tristeza.

Deseamos, Padre, que ayudes a estos padres a criar en disciplina y amonestación del Señor a los otros hijos que tal vez tengan ahora o en el futuro. Dales a estos padres la fortaleza y la sabiduría para extenderse a otros niños más allá de su hogar, para que puedan comprender plenamente las cuestiones de la ley y la gracia, el pecado y la salvación, y llegar a recibir a tu Hijo, Jesús, como Salvador y seguirle como Señor.

Te pedimos esto en el nombre de Cristo. Amén.

Notas

Capítulo 2: ¿Qué podemos decir con certeza a los que quedan con los brazos vacíos?

1. J. Cullberg, «Mental Reactions of Women to Perinatal Death», en *Psychosomatic Medicine in Obstetrics and Gynecology*, ed. N. Morris (Basilea, Alemania: S. Karger, 1971).

Capítulo 3: ¿Cómo considera Dios a los niños?

1. «Letter IX», en *The Works of John Newton* (Londres: Hamilton Adams, 1820), p. 182.
2. Juan Calvino, *Commentary on a Harmony of the Evangelists, Matthew, Mark, and Luke*, vol. 1 (Grand Rapids, MI: Baker Book House, 1981), pp. 389–91.

Capítulo 4: ¿Y si mi niño no está entre los elegidos?

1. Charles Spurgeon, «Expositions of the Doctrines of Grace», en *The Metropolitan Tabernacle Pulpit*, vol. 7 (Londres: Passmore and Alabaster, 1862), p. 300.
2. Loraine Boettner, *The Reformed Doctrine of Predestination* (Phillipsburg, NJ: Presbyterian and Reformed Publishing Co., 1992), p. 142 [*La predestinación* (Grand Rapids, MI: Libros Desafío, 1983)].
3. R. A. Webb, *The Theology of Infant Salvation* (Richmond, VA: Presbyterian Committee of Publications, 1907), p. 42.
4. Phil Johnson, «What About Infants Who Die?», de notas de sermones no publicadas, 1999 (énfasis añadido).

Capítulo 6: ¿Cómo es la vida de mi niño en el cielo?

1. A. A. Hodge, *Evangelical Theology* (Carlisle, PA: Banner of Truth, 1976), p. 400.

Acerca del autor

AMPLIAMENTE CONOCIDO POR SU MÉTODO EXHAUSTIVO Y FRANCO de enseñar la Palabra de Dios, John MacArthur es un popular autor y conferencista y ha servido como pastor y maestro de Grace Community Church en Sun Valley, California desde 1969. John y su esposa, Patricia, tienen cuatro hijos adultos casados y quince nietos.

John es el maestro destacado del ministerio mediático Grace to You (Gracia a Vosotros). Además de producir programas radiales diarios para casi 2000 emisoras de inglés y español a lo largo del mundo, Grace to You distribuye libros, software y grabaciones digitales por John MacArthur. John es presidente de The Master's College and Seminary y ha escrito más de doscientos libros y guías de estudio. Sus obras de gran éxito de ventas incluyen *Verdad en guerra*, *Memorias de dos hijos*, *Doce hombres comunes y corrientes*, *Doce mujeres extraordinarias* y la *Biblia de estudio MacArthur*, ganadora del Medallón de Oro ECPA en 1998. Si desea más detalles acerca de John MacArthur y sus materiales de enseñanza bíblica comuníquese a Gracia a Vosotros al 1-866-5-GRACIA o www.gracia.org.

www.ingramcontent.com/pod-product-compliance
Ingram Content Group UK Ltd.
Pitfield, Milton Keynes, MK11 3LW, UK
UKHW020837120325
456141UK00003B/196